La survie des Petits États insulaires en droit international

Collection « Prix scientifique »

La collection Prix scientifique L'Harmattan publie les manuscrits primés par un jury scientifique qui, sur appel à participation, se réunit une fois par an pour distinguer les mémoires de master 2, les thèses et les HDR dans l'ensemble des domaines couverts par les éditions L'Harmattan.

Dernières parutions

Damien Calais, *La sécurité alimentaire aux Émirats arabes unis. Nourrir une pétromonarchie à l'ère globale*, 2024.
Diane Gattet, *Travailler à la cour nationale du droit d'asile*, 2023.
Cécile Moreno, *Patrice Chéreau et le théâtre Nanterre-Amandiers (1981-1990)*, 2023.
Maëlle Crosse, *Transformation des pratiques pédagogiques dans l'enseignement supérieur*, 2023.
Clara Romani, *La réforme de Colette de Corbie (1381-1447)*, 2023.
Laurence Gandon, *Promotion de la santé*, 2023.
Gavin Marfaing, *La contribution du droit à la réalisation d'un objectif environnemental* 2023.
Manon Contreras, *Emotions et virilités au cinéma*, 2023.

Fagueye Wélé

La survie des Petits États insulaires en droit international

Préface de Pierre Bodeau-Livinec

L'Harmattan

5-7, rue de l'École-Polytechnique – 75005 Paris
www.editions-harmattan.fr
ISBN : 978-2-336-41688-5
EAN : 9782336416885

REMERCIEMENTS

Je tiens à exprimer toute ma reconnaissance à M. le Professeur Pierre Bodeau-Livinec pour avoir accepté de diriger mon mémoire, ainsi que pour sa patience, sa disponibilité et ses précieux conseils qui ont contribué à alimenter ma réflexion.

J'adresse également mes sincères remerciements à toutes les personnes qui par nos différents échanges, ont guidé mes réflexions.

Enfin, je témoigne toute ma gratitude à mes parents, pour leur soutien constant et leurs encouragements, ainsi qu'à tous mes amis qui m'ont apporté le soutien moral et intellectuel tout au long de la rédaction de ce mémoire.

SIGLES ET ABRÉVIATIONS

GES	Gaz à effet de serre
CIJ	Cour international de Justice
CDI	Commission du droit international
COP	Conference of Parties
CPA	Cour permanente d'arbitrage
GIEC	Groupe d'experts intergouvernemental sur l'évolution du climat
ILA	International Law Association
PEI	Petits États insulaires
SDN	Société des Nations
ZEE	Zone économique exclusive

PRÉFACE

Le 12 décembre 2022, la Commission des petits États insulaires sur le changement climatique et le droit international (COSIS selon son acronyme anglais) déposait une demande d'avis consultatif auprès du Tribunal international du droit de la mer, pour prier celui-ci de préciser les « *obligations particulières* » des États parties à la célèbre Convention de Montego Bay sur le droit de la mer, à la fois pour « *prévenir, réduire et maîtriser la pollution du milieu marin eu égard aux effets nuisibles qu'a ou peut avoir le changement climatique, notamment sous l'action du réchauffement des océans et de l'élévation du niveau de la mer, et de l'acidification des océans, qui sont causés par les émissions anthropiques de gaz à effet de serre dans l'atmosphère* » et pour « *protéger et préserver le milieu marin* » face aux incidences du changement climatique. Plus de 30 États et une dizaine d'organisations internationales ont participé à la procédure qui s'est alors ouverte à Hambourg.

Quelques mois plus tard, l'Assemblée générale des Nations Unies a elle-même sollicité un avis de la Cour internationale de Justice, pour identifier, de manière plus générale, « *les obligations qui incombent aux États en ce qui concerne la protection du système climatique et d'autres composantes de l'environnement contre les émissions anthropiques de gaz à effet de serre pour les États et pour les générations présentes et futures* ». L'Assemblée demande également à la Cour de préciser quelles sont les conséquences juridiques des émissions anthropiques par les États les plus pollueurs, à l'égard « *des petits États insulaires en développement, qui, de par leur situation géographique et leur niveau de développement, sont lésés ou spécialement atteints par les effets néfastes des changements climatiques ou sont particulièrement vulnérables face à ces effets* ».

À l'heure où ces quelques lignes sont rédigées, les deux procédures sont en cours et il serait imprudent d'en prédire l'issue. Elles témoignent toutefois de l'actualité du thème que Fagueye Wélé a choisi pour préparer le mémoire de recherche qu'elle a effectué dans le cadre du Master de Théorie et pratique du droit international et européen de l'Université Paris Nanterre. C'est une version légèrement remaniée de ce travail de recherche primé que les lectrices et lecteurs pourront découvrir dans les pages qui suivent.

Là où la COSIS et l'Assemblée générale prennent des précautions locutoires justifiées par le contexte diplomatique de leurs demandes respectives, Fagueye Wélé ne s'embarrasse pas de circonvolutions inutiles : c'est bel et bien la « *survie* » des petits États insulaires que le changement climatique d'origine anthropique menace désormais. Il n'est pas besoin d'être juriste ou climatologue pour saisir de quoi il est, ici, fondamentalement question : la simple figuration de la montée des eaux occasionnée par l'élévation de la température terrestre suffit à rendre tangible le danger mortel qui pèse à brève échéance sur des îles et des archipels plus connus jusqu'à présent pour avoir nourri les invitations au voyage voire les fantasmes d'un ailleurs édénique.

Tout le mérite de Mme Wélé est d'avoir abordé ce thème sensible avec le regard empathique mais rigoureux d'une jeune juriste dépourvue de préjugés. Ni complaisance facile ni fatalisme anxiogène n'émanent des développements que Fagueye Wélé consacre à cette problématique récente, assurément préoccupante mais plus complexe qu'il peut paraître de prime abord. Au-delà du risque physique de submersion, le changement climatique et le cortège de calamités qui l'accompagne font peser sur les petits États insulaires des menaces existentielles moins immédiatement tangibles mais tout aussi dangereuses. S'appuyant sur la théorie des éléments constitutifs de l'État, l'auteure montre que l'élévation du niveau des mers affecte non seulement l'emprise territoriale de l'État insulaire mais aussi la permanence d'une communauté humaine soumise aux vicissitudes des migrations climatiques. Plus fondamentalement, c'est la capacité des États concernés à assumer la fonction de gouvernement – c'est-à-dire régir les rapports sociaux dans l'espace soumis à leur juridiction et pourvoir aux besoins vitaux de leurs ressortissants – qui se trouve ici durablement fragilisée.

Face à de tels risques, les piliers normatifs qui participent à la grandeur classique de l'édifice étatique en droit international montrent des signes inquiétants de fissure et d'effritement : ni le principe de continuité de l'État ni les effets de droit et de fait qui s'attachent à l'institution de la reconnaissance ne semblent à même de conjurer la menace. Reste le « *droit fondamental qu'a tout État à la survie* » que la Cour internationale de Justice a proclamé avec des accents prétoriens dans un avis consultatif rendu le 8 juillet 1996 sur la question de la *Licéité de la menace ou de l'emploi d'armes nucléaires*. Mais, comme le laisse deviner l'intitulé de cette jurisprudence célèbre, ce droit à la survie doit se comprendre dans le contexte très particulier où un État, lui-même menacé du feu nucléaire, n'aurait d'autre choix que d'employer l'arme ultime en légitime défense. Il ne saurait être aisément étendu à d'autres situations : bien qu'il occupe toujours une position centrale dans la société internationale et le système juridique qui régit celle-ci, l'État reste un fait politique temporellement situé ; il naît, vit et meurt parfois des vicissitudes de l'histoire humaine. Croire que l'État insulaire, menacé par les effets du changement climatique, pourrait survivre parce qu'il en aurait formellement le « *droit* » est un leurre, qui tente vainement de dissimuler derrière la magie d'un mot la sinistre réalité du risque de la disparition.

Pour conjurer ce sort funeste, Fagueye Wélé explore avec minutie et pragmatisme les voies qu'offre le droit. De la recherche d'une nouvelle assise territoriale au recours éventuel à des aménagements artificiels, elle ne dissimule rien des difficultés et des doutes que soulèvent les réponses les plus communément esquissées aux problèmes et revendications portés par les petits États insulaires. Sans naïveté ni cynisme, elle suggère que les solutions doivent être recherchées, ici comme ailleurs, dans l'exigence d'une coopération accrue entre les États, directement et par l'intermédiaire des institutions qu'ils ont créées pour les rassembler. C'est dire une fois encore que, sans solidarité, le projet d'une véritable communauté internationale est une chimère. En ce sens, la lecture de l'ouvrage de Mme Wélé devrait passionner celles et ceux qui voient dans le droit international un langage commun pour comprendre l'état du monde. Bonne lecture !

Pierre Bodeau-Livinec
Professeur de droit public – Université Paris Nanterre
Directeur du Centre de droit international de Nanterre (CEDIN)

INTRODUCTION

« (…) our survival as a nation and as a people with a distinct culture and way of life is at great risk as we are being threatened by global warming and sea level rise »[1].

Lors de la soixante-deuxième session de l'Assemblée générale tenue le 3 octobre 2007 à New York, Natanaera Kirata, ministre des travaux et des services publics de la République des Kiribati, s'exprimait sur les différentes menaces qui pèsent sur son pays. Il y abordait des thèmes divers, tels que les difficultés économiques, la croissance démographique ou encore la multiplication des maladies dont la tuberculose. L'accent a été particulièrement mis sur les dangers liés au changement climatique, qui se retrouvent également en filigrane dans son intervention.

Ces discours ne sont pas rares. En effet, plusieurs autorités publiques se sont exprimées lors de divers sommets internationaux pour dénoncer les effets dévastateurs du changement climatique sur leurs États, et plus généralement pour la communauté internationale. Ainsi, dès 1988, Amata Kabua, ancien président des Îles Marshall, affirmait lors de la toute première réunion sur le changement climatique dans les îles du Pacifique tenue à Majuro que « It is truly frightening to think that our ocean will turn against us. (…) I hope that the appeal of the peoples of the Pacific can help convince the industrialized nations to discontinue their profligate contamination of the atmosphere »[2]. Également, lors de la Conférence de

[1] General Assembly, 62nd session of the United Nations General Assembly, Statement by Honorable Natanaera Kirata, Minister of Public Works and Utilities of the Republic of Kiribati, New York, Wednesday 3rd October 2007, p.4.

[2] NUNN, O. D., « Climate Change and Pacific Island Countries », *Asia-Pacific Human Development Report Background Papers Series*, 2012/07, p.1.

Copenhague de décembre 2009, Mohamed Nasheed, l'ancien président des Maldives, affirmait que le changement climatique « (…) is a matter of life and death »[1]. Plus récemment encore, lors de la Conférence de Glasgow de 2021 sur les changements climatiques, le ministre des Affaires étrangères du Tuvalu, Simon Kofé avait alerté la communauté internationale sur ce problème urgent en tenant un discours les pieds dans l'eau.

Ces appels font suite aux nombreux avertissements du groupe d'experts intergouvernemental sur l'évolution du climat (GIEC). Le changement climatique est reconnu par la communauté scientifique comme étant l'un des principaux défis de ce siècle. Dès le premier rapport d'évaluation publié en 1990, le GIEC a insisté sur l'ampleur du changement climatique et les contraintes environnementales qu'il provoque. Il y prévoyait alors une augmentation des températures de 0,2 à 2,5 degrés entre 1990 et 2100, ainsi qu'une élévation du niveau de la mer d'environ 0,3 à 0,5 mètre entre 1990 et 2050, et d'environ un mètre d'ici 2100[2].

Dans la dernière contribution publiée en 2022 par le Groupe de travail II du GIEC en charge des questions de vulnérabilités et des conséquences liées au changement climatique, les données s'avèrent plus alarmantes. Ces dernières dépendent fortement des mesures d'atténuation prises par les États en matière environnementale, et les projections scientifiques ne s'accordent pas toujours sur l'ampleur du changement climatique. Pour autant, les risques évalués à court terme (entre 2021 et 2040) vont dans le sens d'un réchauffement de la planète de 1,5 degré, accompagnés de la multiplication d'évènements extrêmes et de la perte en biodiversité[3]. Sur le moyen à long terme (soit entre 2041 et 2100), le Groupe de travail estime l'augmentation des températures entre

---

[1] Mohamed Nasheed, President Republic of Maldives, COP 15 - International calls for action.

[2] GRIFFITHS, D. C., SHELDON, G. W., TEGART, W. M., Policymakers' Summary, in Climate Change: The IPCC Impacts Assessment. Contribution of Working group II to the first assessment report of the Intergovernmental Panel on Climate Change, 1990, p.1.

[3] Working Group II contribution to the Sixth Assessment Report of the Intergovernmental Panel On Climate Change, « Climate Change Impacts Adaptation and Vulnerability: Summary for Policymakers », 2022, p.13, SPM.B.3.1.

1,5 degré et 2 degrés[1]. Une aggravation des évènements météorologiques et de la dégradation de la biodiversité est également relevée, et constitueraient déjà des risques majeurs pour tous les pays. À tout cela s'ajoutent des risques d'inondations côtières auxquelles sera exposée 60 % de la population mondiale avec une augmentation du niveau de la mer de 1,4 mètre d'ici 2100[2]. Les recherches scientifiques indiquent que la vitesse à laquelle se produisent ces événements varie selon les régions du globe et les pays. Ainsi, dans la région du Pacifique et de l'Océan indien, ceux-ci pourraient se produire à un rythme jusqu'à trois fois supérieur[3]. Partant de ce constat, le Groupe de travail précise à propos de l'élévation du niveau de la mer, que « Sea level rise poses an existential threat for some Small Islands and some low-lying coasts »[4]. Ainsi, selon le GIEC, l'existence même des « Petits États insulaires » est en péril.

Les risques invoqués par le GIEC se concrétisent déjà. Au-delà de l'augmentation globale des températures, certains États subissent les conséquences connexes liées au changement climatique. Ces derniers affectent déjà leur territoire. Par exemple, en 2006, les habitants de Lohachara, une île située dans le golfe du Bengale, se sont déplacés sur une île voisine en raison de sa disparition définitive. Des chercheurs indiens avaient signalé leur inondation progressive, jusqu'à leur submersion totale[5]. Également en 2016, des chercheurs avaient signalé que cinq îlots formant les Îles Salomon avaient disparu en raison de la montée des eaux, et six autres avaient subi un recul de leur littoral du fait de l'érosion[6]. Enfin, les évènements météorologiques extrêmes tels que les tsunamis ou les ouragans se multiplient, à l'image du tsunami de

---

[1] *Ibid*, p.14, B.4.2.

[2] *Ibid*, p.15, B.4.5.

[3] *Ibid*

[4] *Ibid*

[5] LEAN, G., « Disappearing world: Global warming claims tropical island », *The Independent*, 24 December 2006.

[6] ALBERT, S., CHURCH, A., GIBBES, B., GRINHAM, A., LEON, J., WOODROFFE, CC., « Interactions between Sea Level Rise and Wave Exposure on Reef Island Dynamics in the Solomon Islands », *Environmental Research Letters*, 2016, vol. 11, p. 8. Cité par MURPHY, S. D., « International Law Relating to Islands », Leiden-Boston: Brill, *Collected courses of The Hague Academy of International Law*, 2017, vol. 386, p. 208.

2004 qui a rendu l'île maldivienne de Gemendhoo inhabitable, obligeant la population à se déplacer vers une autre île[1]. Selon les prévisions du GIEC, ces tendances risquent de se poursuivre et toucher non plus certaines parties du territoire étatique comme les îles mentionnées dans ces exemples, mais l'intégralité de celui-ci.

Si les menaces qui pèsent sur les États en raison du changement climatique intéressent et inquiètent d'abord les scientifiques, elles soulèvent également un certain nombre de questions juridiques et de problèmes inédits en droit international. De ce fait, les conséquences du changement climatique sur les États et leur population mobilisent les juristes. En témoignent l'ensemble des initiatives multilatérales qui ont été prises. Par exemple, lors de sa 70ème session tenue en 2018, la Commission du droit international a décidé de recommander l'inclusion du sujet « L'élévation du niveau de la mer au regard du droit international » dans son programme de travail à long terme; depuis 2020, elle travaille sur ce thème, et elle a pu publier à ce propos différents rapports. Également, en 2012, l'*International Law Association* a créé un comité chargé de la question l'élévation du niveau de la mer au regard du droit international; ce dernier a pu également publier plusieurs rapports en la matière, notamment en 2016 et en 2018.

Les conséquences du changement climatique sur les États et leur population posent des questions juridiques diverses. À cet effet, elles touchent plusieurs branches du droit international.

Tout d'abord, ce sujet touche le droit international de la mer, posant notamment la question de la préservation des limites et des frontières maritimes. En effet, la submersion du territoire a des conséquences sur les lignes de base et les limites extérieures des espaces maritimes. En principe, la ligne de base est la référence juridique pour mesurer la largeur des zones maritimes. C'est ce que prévoit par exemple l'article 5 de la Convention de Montego Bay à propos de la mer territoriale[2]. Cette ligne est constituée par la laisse de basse mer qui se situe

---

[1] MAGNAN, A., « L'évacuation des populations aux Maldives après le tsunami du 26 décembre 2004 », *M@ppemonde*, 2006, vol. 84, p.1.

[2] Convention des Nations Unies sur le droit de la mer, Montego Bay, adoptée le 10 décembre 1982, entrée en vigueur le 16 novembre 1994, Nations Unies, *Recueil des Traités*, vol. 1834, no. 31363, art. 5.

le long de la côte. Face aux effets du changement climatique, tels que la submersion ou l'érosion côtière, la question se pose alors de savoir si cette ligne de base est statique, ou si elle est de nature ambulatoire.

Ensuite, ce sujet touche tout naturellement des questions relatives à la protection des personnes touchées par le changement climatique. Il existe alors une interaction forte entre le droit international des droits de l'homme et le changement climatique. Sur cette question, il peut s'agir par exemple de déterminer les droits humains affectés par un tel phénomène, ainsi que les obligations de l'État de protéger les droits de ses ressortissants[1]. De plus, les organes onusiens ainsi que la doctrine se sont beaucoup penchés sur la question de la relocalisation des personnes menacées par le changement climatique, ce qui touche directement à la question des migrations, et notamment à la problématique classique des « réfugiés climatiques ».

Devant le constat que le changement climatique résulte en partie des émissions excessives de GES, en violation des accords multilatéraux environnementaux tels que l'Accord de Paris de 2015, le sujet soulève aussi la question de la responsabilité des principaux émetteurs. Dès lors, un lien est directement établi entre le changement climatique et le droit de la responsabilité internationale.

Enfin, le thème touche également à la question de la survivance de l'État dont le territoire subit des mutations importantes en raison du changement climatique. Il s'agit de la question qui se situe au cœur de la présente étude, et il convient alors d'en préciser les contours.

Au-delà des questions de droit de la mer, de droits de l'homme ou encore de responsabilité internationale, le contexte factuel lié au changement climatique pousse également à s'interroger sur la survivance de l'État dont le territoire subit des mutations profondes telles que la submersion, l'érosion ou l'inhabitabilité. C'est cette question qui constitue l'objet de la présente étude. Elle comporte un enjeu conceptuel fort, puisqu'elle nécessite une analyse de la définition de l'État en droit international, ainsi que des règles et des

---

[1] Recommendation of the Working-Group on the long-term programme of work, 2018, *op. cit.*, p.356, §18.

conditions qui se trouvent au cœur de son existence et de sa disparition. Ainsi, elle permet de revenir aux fondements de l'État en droit international, et de (re)considérer ces derniers à l'aune de la problématique contemporaine du changement climatique. Il ne s'agit cependant pas d'une question purement théorique et abstraite puisqu'elle amène aussi à explorer la pratique rattachée à l'existence et à la disparition de l'État, ainsi que la jurisprudence des juridictions internationales, régionales ou nationales qui s'y rapporte.

L'objet de cette étude est précisément double. Il s'agira d'analyser les conséquences juridiques du changement climatique sur la qualité d'État en droit international, et ensuite, d'étudier les solutions qui ont été proposées pour contourner ces conséquences et pallier les difficultés générées par une telle situation. Dès lors, le sujet présente deux intérêts. Dans une perspective analytique et critique, il permet à la fois de déterminer ce que le droit international dit (et ne dit pas) par rapport à la survivance de l'État face au changement climatique, et également d'entrevoir ce qu'une telle situation dit des règles actuelles du droit international.

Cette étude est circonscrite à la question de la survivance de l'État face aux effets du changement climatique. Cependant, puisque le changement climatique est multidimensionnel et met en relation plusieurs branches du droit international, les autres questions afférentes au sujet, telles que celles du droit de la mer, des droits de l'homme ou de la responsabilité internationale, ne pourront être complètement ignorées. Elles ne constituent pas le cœur du sujet, et ne seront pas traitées de manière exhaustive et succincte. Néanmoins, elles serviront plus généralement à appuyer la réflexion sur la survivance de l'État, et si nécessaire, à apporter des réponses supplémentaires à cette question.

Enfin, afin d'appréhender cette question, l'accent sera particulièrement mis sur la catégorie des « Petits États insulaires » qui selon le GIEC est la plus exposée aux effets délétères du changement climatique. Il conviendra alors de préciser les contours de la catégorie des « Petits États insulaires » et de présenter les différents scénarios dans lesquels ces États risquent de se retrouver face aux effets du changement climatique.

Le changement climatique touche indistinctement toutes les parties du globe. Pour autant, ses effets ne sont pas ressentis de la même manière par les États. Selon le GIEC, la vulnérabilité au changement climatique varie considérablement d'une région à l'autre ainsi qu'au sein d'une même région[1]. À cet égard, les données scientifiques montrent que cette vulnérabilité est importante chez les « Small Island Developing States »[2], au point où « Sea level rise poses an existential threat for some Small Islands and some low-lying coasts »[3]. C'est d'ailleurs sur les « Petits États insulaires » que l'attention a été particulièrement portée. En 2009, le Secrétaire général des Nations Unies notait par exemple que « Nombre d'États insulaires doivent s'attendre à perdre une proportion significative de leur territoire en raison de l'élévation du niveau de la mer et des inondations et certains risquent d'être complètement submergés »[4].

Les « Petits États insulaires » ne constituent cependant pas une catégorie juridique propre. Dans son cours sur « L'État insulaire », Laurent Lucchini définit ce dernier par la réunion de deux composantes. D'une part, la composante physique qui est l'existence d'une seule île ou d'un ensemble d'îles, et d'autre part une composante politique caractérisée par l'existence d'un État souverain[5]. Sa recherche d'un concept juridique d' « État insulaire » fut néanmoins vaine, l'analysant plutôt par le prisme des spécificités socio-économiques et géographiques qu'il présente.

Certes, la Convention de Montego Bay sur le droit de la mer comporte une partie VIII sur le régime des îles, qui d'ailleurs ne comporte en son sein que l'article 121 sur ce régime. D'autres dispositions traitent également de questions connexes relatives par exemple aux hauts-fonds découvrants et aux îles artificielles[6]. Mais ces dispositions ne s'intéressent qu'à la composante physique de

[1] Working Group II contribution to the Sixth Assessment Report of the Intergovernmental Panel On Climate Change, 2022, *op. cit.*, p.12, B.2.

[2] *Ibid*, p.13, B.2.5.

[3] *Ibid*, p.15, B.4.5.

[4] Rapport du Secrétaire général des Nations Unies, Les changements climatiques et leurs répercussions éventuelles sur la sécurité, A/64/350, 11 septembre 2000, p.26, para. 71.

[5] LUCCHINI, L., « L'État insulaire », *RCADI*, 2000, vol. 285, p.262.

[6] MURPHY, S. D., « International Law Relating to Islands », Leiden-Boston: Brill, *Collected courses of The Hague Academy of International Law*, 2017, vol. 386, p.21.

l'île, et non à sa composante politique. Cela ne préfigure donc en rien l'existence d'une catégorie juridique d'« État insulaire ». C'est ce que relevait le juge Shigeru Oda dans son opinion dissidente en l'affaire du *Plateau continental* de 1982. Il y affirmait par rapport aux États insulaires que « La position de ces États n'a guère retenu l'attention pendant l'élaboration du nouveau droit de la mer, au cours des trente dernières années »[1] et que « Nul n'a jamais proposé ni soutenu qu'il faille distinguer les États insulaires des autres États côtiers, ni des îles ou groupes d'îles ne constituant pas des entités indépendantes »[2]. Dès lors, comme le relève à juste titre James Crawford, le terme « État insulaire » est composé de deux termes qui ont un sens particulier en droit international. Mais il ne s'agit pas d'un concept juridique, l'État insulaire étant tout simplement un État qui se trouve être une île[3]. De la même manière, lors du colloque organisé par la Société française de droit international sur le thème « Iles et droit international », Mathias Forteau parvenait à la conclusion qu'il n'existe aucun particularisme insulaire en droit international[4].

Pareillement, le concept de « Petit État, « micro-État » ou « Small State » n'a aucune signification juridique particulière. Elle semble plutôt renvoyer à une réalité géographique, au mieux à une réalité politique liée en partie à la difficulté qu'ont traversée certains de ces « Petits États » pour bénéficier d'une reconnaissance internationale[5]. Ainsi, pour Arnaud Duranthon, « 'micro-État' ne signifie par principe rien de spécifique pour le juriste ! Le préfixe « micro » importe peu, l'enjeu essentiel pesant en réalité sur les seules frontières données au terme 'État' »[6].

---

[1] Opinion dissidente du Juge Oda, CIJ, affaire du *Plateau continental (Tunisie/Jamahiriya arabe libyenne)*, arrêt du 24 février 1982, p. 251, par. 149.

[2] *Ibid*, p.252, par. 150.

[3] CRAWFORD, J., « Islands as Sovereign Nations », *The International and Comparative Law Quaterly*, 1989, vol. 38, n.2, p.277.

[4] Mathias Forteau, cité par ITEN, J. L., « Rapport introductif », in Société Française pour le Droit International, *Iles et droit international*, Paris, Pedone, 2020, p.9.

[5] DURANTHON, A., « Qu'est-ce qu'un micro-État aujourd'hui ? L'exemple des micro-États d'Océanie », *Revue française de droit constitutionnel*, vol. 92, no. 4, 2012, pp. 785-797.

[6] *Ibid*, p.789.

Si les « Petits États Insulaires » ne constituent pas une catégorie juridique, il n'en demeure pas moins qu'ils présentent des caractéristiques communes qui justifient cette dénomination.

Premièrement, ces spécificités tiennent à la réalité géographique de ces États. Ils sont caractérisés par « l'exiguïté, l'insularité, et l'éloignement »[1], traits communs identifiés par le GIEC comme étant à l'origine d'une vulnérabilité face au changement climatique. Le Groupe mentionne notamment « (...) their small physical size and the fact that they are surrounded by large expanses of ocean; limited natural resources; proneness to natural disasters and extreme events; relative isolation »[2].

Concernant leur « insularité », cela signifie que contrairement aux autres entités étatiques, l'État insulaire constitue avant tout une terre coupée des autres terres par la mer[3]. Il s'agit d'une spécificité qui ressort d'ailleurs bien de l'article 121 de la Convention des Nations unies sur le droit de la mer qui définit l'île comme « une étendue naturelle de terre entourée d'eau (...) ». Bien qu'elle puisse être avantageuse car elle offre aux États insulaires des espaces maritimes souvent larges, cette insularité peut être source de nombreux désavantages et de fragilités. Les fragilités découlant de cette géographique physique tiennent à ce que Laurent Lucchini appelle l'exiguïté[4], à laquelle il est possible de rajouter la fragmentation. En effet, au label « État insulaire » est souvent rajouté l'adjectif « petit » du fait du lien qui existe entre l'insularité et la superficie de ces États; en témoigne l'existence de nombreuses micro-souverainetés dans le Pacifique ou encore dans l'Océan indien[5]. L'État insulaire est ainsi souvent envisagé par sa petite taille, terrestre mais aussi démographique[6]. Notamment,

---

[1] LUCCHINI, L., *op. cit.*, p.339

[2] NURSE, L. A. et al, « Small Island States », in MCCARTHY, J. J. (ed), *Climate Change 2001: Impacts, Adaptation, and Vulnerability. Contribution of Working Group II to the Third Assessment Report of the Intergovernmental Panel on Climate Change*, Cambridge University Press, 2001, p.845.

[3] SFDI, *op. cit.*, p.8.

[4] LUCCHINI, L., *op. cit.*, p. 339.

[5] MINASSIAN, G., « *'Micro-État', 'mini-État' : essai* de *classification »*, *Annuaire français* des *relations internationales*, 2007, volume 8, p. 330.

[6] Certains auteurs ont tenté de fixer un critère maximal en terme de superficie ou de démographie pour pouvoir qualifier les États insulaires. Pour le géographe François Doumenge par exemple, une population de moins de

l'exiguïté de ces États ressort bien lorsqu'une comparaison est faite entre leur territoire terrestre et leur territoire maritime. Par exemple, l'Océanie insulaire présente une superficie de 30 millions de kilomètres carrés au sein de laquelle les territoires terrestres ne représentent que 2%[1].

À cette exiguïté s'ajoute également la fragmentation. En effet, bien que le morcellement du territoire terrestre ne soit un attribut exclusif de l'État insulaire, force est de constater que les petits États insulaires sont souvent composés de plusieurs îles ou îlots. C'est le cas par exemple des Tuvalu avec ses 9 atolls, des Kiribati avec 32 atolls, ou encore des Tonga composé de 170 îles et ilots[2].

Certains PEI reposent également sur une réalité géologique et géophysique particulière. Plusieurs processus interviennent en effet dans leur naissance, affectant ainsi leur constitution physique, mais également leurs ressources naturelles[3]. L'origine de certains États insulaires remonte à un volcan originel qui a émergé de la mer; de plus, ils sont principalement constitués de coraux, entourés d'un récif corallien et présentent une altitude basse par rapport au niveau de la mer. C'est ce qui leur vaut le qualificatif d' « atoll »[4]. Cette spécificité expose ces États à des changements affectant le territoire comme l'érosion ou les inondations ; ces changements peuvent sur le long terme affecter la structure et la configuration même de l'île. Elles les rendent aussi particulièrement vulnérables au changement climatique, notamment à l'élévation du niveau de la mer, mais également à certains évènements météorologiques extrêmes. De ce fait, le PEI peut être « congénitalement hanté par la peur de disparaitre, ce qui le différencie de ces homologues »[5]. Parmi

---

400 000 habitants et une superficie inférieure à 700 km² caractérisent les petits États insulaires. Voir à ce propos DOUMENGE, F., « Les Îles et les micro-États insulaires », Hérodote, n° 37-38, 1985, p. 297.

[1] COORNAERT, A. (2014), *La viabilité des petits États insulaires en développement et le cas particulier de Nauru*, Mémoire de Master, Université de Reims Champagne-Ardenne, p.15.

[2] *Ibid.*

[3] ESTEBAN, M., YAMAMOTO, L., *Atoll Island States and International Law*, New York Dordrecht London, Springer Heidelberg, 2014, p.14.

[4] *Ibid.*

[5] MINASSIAN, G., *op. cit.*, p. 331.

eux figurent des États comme les Îles Marshall, les Maldives ou encore Kiribati. À ce sujet, l'exemple de Maldives est intéressant puisqu'il s'agit de l'État le plus bas au monde, avec une altitude moyenne de 1,5 mètre au-dessus du niveau de la mer[1].

Deuxièmement, à la réalité géographique des PEI s'ajoutent aussi des caractéristiques socio-économiques propres. Ces dernières sont en partie liées à leur géographie. La majorité des PEI, qui sont d'ailleurs souvent surnommés les « Petits États insulaires en Développement », connaissent des difficultés économiques. Par exemple, en 2021, le PIB moyen par habitant des PEI du Pacifique est de 3798,8 dollars, la moyenne mondiale étant de 12 262,9 dollars[2] . De plus, l'économie de ces États repose principalement sur des ressources tirées de l'activité maritime. Ces difficultés peuvent les placer dans une situation de dépendance économique (mais aussi politique) vis-à-vis d'État tiers. Enfin, en matière environnementale, cette particularité socio-économique a également des répercussions sur la résilience climatique et la capacité d'adaptation de ces États face au changement climatique.

Enfin, au-delà de ces aspects géographiques et socio-économiques, les PEI peuvent également être identifiés comme un groupe politique à part entière, marqué aujourd'hui par une présence forte sur la scène internationale. En effet, lors de la deuxième conférence mondiale sur le climat tenue à Genève en 1990 est créée l'Alliance des Petits États Insulaires (*Alliance of Small Islands States* ou AOSIS) qui a su attirer l'attention dans les différents forums internationaux, dénonçant par exemple les effets nocifs du changement climatique[3]. D'autres groupes, avec des intérêts similaires et une composition proche, se sont également formés. C'est le cas du groupe des « Petits États insulaires en Développement » ou « Small Islands Developing States » qui a été officiellement reconnu lors de la Conférence des Nations Unies sur l'environnement et le développement tenue à Rio de Janeiro ; et en 1996 s'est ensuite tenue à la Barbade la première conférence sur le développement durable

---

[1] ESTEBAN, M., YAMAMOTO, L., *op. cit.*, p. 14.
[2]Voir Banque mondiale, PIB par habitant (dollars US courants).
[3] LUCCHINI, L., *op. cit.*, p. 267.

des « Petits États insulaires en Développement ». Cependant, l'expression « Petit État Insulaire » utilisée dans la présente étude ne renvoie pas explicitement à l'un de ses différents groupes. Elle est plutôt un terme générique renvoyant aux États présentant les caractéristiques susmentionnées et qui peuvent composer ces différents groupes.

Il ressort des différentes données et informations réunies par le GIEC que les effets du changement climatique sont graduels et épisodiques. L'élévation du niveau de la mer est un phénomène très documenté par le GIEC. Une importance croissante lui est également attribuée par la doctrine, ainsi que par les organes onusiens. À cet égard, les sujets inclus dans les travaux de la CDI et de l'*ILA* comprennent tous les deux la mention unique à « l'élévation du niveau de la mer ». De plus, à première vue, ce phénomène représente en toute logique l'une des plus grandes menaces pour l'existence des PEI, en raison du terrible scénario lié à la submersion de ces États.

Néanmoins, l'élévation du niveau de la mer n'est pas le seul effet négatif lié au changement climatique et susceptible d'affecter ces États. En effet, dans ses rapports, le GIEC fait des prédictions sur la base d'une temporalité précise, les effets du changement climatique étant déterminés sur le court, moyen et long terme. Ainsi, si la submersion des territoires est une conséquence incontestée du changement climatique et est projetée sur le long terme, d'autres effets sont également notables sur le court à moyen terme. Il s'agit notamment de la multiplication des évènements météorologiques extrêmes (ouragans, cyclones, tempêtes etc.) qui peuvent entraîner des dommages importants dans les PEI, mais aussi de la dégradation générale des conditions de vie sur ces îles[1]. Cette dégradation peut se manifester par la pénurie en eau douce, la salinisation des océans, l'extinction de certaines espèces ou encore une pression croissante exercée sur la production alimentaire[2]. En somme, la submersion du territoire des PEI résultant de l'élévation du niveau de la mer ne se fera pas en un

---

[1] Working Group II contribution to the Sixth Assessment Report of the Intergovernmental Panel On Climate Change, 2022, *op. cit.*, pp.13-14.
[2] *Ibid*, p.14.

jour. Elle sera précédée d'autres phénomènes qui provoquent une dégradation générale des conditions de vie sur ces territoires.

Dans la présente étude, l'examen de la question de la survivance des PEI face au changement climatique sera limité à trois scénarios principaux. Du point de vue écologique et pratique, de nombreux scénarios intermédiaires ou inattendus pourraient survenir. Par exemple, certaines prévisions indiquent qu'une île submergée pourrait réémerger à terme[1]. Cependant, d'un point de vue juridique, il convient de s'intéresser aux situations qui risquent d'avoir des répercussions nettes sur la survivance des PEI.

Les trois scénarios qui seront abordés peuvent emporter des conséquences juridiques différentes sur la survivance de ces États.

Le premier scénario est celui de l'inhabitabilité du territoire des PEI. Ici, ces îles peuvent être assimilées à des « rochers » au sens de l'article 121§3 de la Convention de Montego Bay, et ce dans la mesure où les effets du changement climatique rendent ces territoires impropres à l'habitation humaine et à l'exercice d'activités économiques. Dans ce scénario, ces îles sont concrètement caractérisées par l'indisponibilité de l'eau douce, l'insécurité alimentaire et la survenance périodique de phénomènes extrêmes (ouragans, « marées royales » etc.). Par conséquent, le nombre d'individus pouvant résider sur ces îles serait drastiquement limité, voire réduit à néant, entrainant ainsi la migration de ces populations vers d'autres États.

Le second scénario est intermédiaire. En effet, contrairement au premier scénario, il est non pas caractérisé par une dégradation de la qualité du territoire des PEI, mais par une réduction quantitative liée à l'érosion côtière ou à l'inondation de certaines parties du territoire. Néanmoins, un lien existe avec le scénario précédent dans la mesure où la diminution physique

---

[1] Ce fut le cas de l'exemple précité de l'île de Lohachara située dans le golfe du Bengale. Cette dernière aurait réémergé en 2008 après son immersion en 2006, selon des scientifiques de l'Université indienne de Jadavpur. Voir à ce propos: RAY, A., « Lohachara rises from waters again », *The Times of India*, 3 April 2009.

du territoire peut rendre une île inhabitable pour une partie de sa population.

Dans tous les cas, dans ce scénario, la proportion du territoire est certes réduite, mais ce dernier n'a pas pour autant complètement disparu sous les eaux. Il existe en effet une différence de nature et non de degré entre d'une part l'érosion et l'inondation, ou la submersion d'une partie du territoire, et d'autre la submersion de l'intégralité de ce territoire[1].

Le troisième scénario envisagé est celui de la submersion totale du territoire des PEI. Ici, la pression exercée sur les récifs coralliens, combinée avec l'élévation du niveau de la mer et à une augmentation potentielle des cyclones tropicaux conduit à terme à la submersion complète des îles[2]. En conséquence de leur disparition, la totalité des habitants de ces îles seront contraints de migrer vers des États tiers.

Pour répondre à la question de la survivance des PEI face au changement climatique, cette étude repose sur une analyse approfondie des règles encadrant l'existence et la disparition des États. Pour ce faire, il convient d'abord de déterminer, de façon générale, ce qu'est l'État en droit international.

La formation de l'État n'a pas toujours relevé du champ du droit international. En effet, une série de doctrines interdépendantes de la fin du 19ème siècle soulignaient que celle-ci est une question de fait et non de droit[3]. La manière dont une entité devenait un État sortait alors du cadre juridique, le droit international se concentrant sur la reconnaissance en tant que mode d'admission des États dans une « société civilisée »[4].

De plus, malgré son importance, l'État n'a pas toujours été un concept clairement défini. Pourtant, plusieurs occasions se sont présentées pour le définir. Par exemple, le projet de la

---

[1] JEANNENEY, J., « L'Atlantide. Remarque sur la submersion de l'intégralité du territoire d'un État », *RGDIP*, 2014, vol. 118, p.99.

[2] ESTEBAN, M., YAMAMOTO, L., *op. cit.*, p. 137.

[3] OPPENHEIM, L., *International Law: A Treatise*, London, Longman Green, 1905-1906, 1st edition, p. 264. Cité par CRAWFORD, J. *The Creation of States in International Law*, Oxford University Press, 2nd edition, Oxford, 2006, p. 4.

[4] *Ibid.*

Convention de Vienne sur le droit des traités de 1969 comprenait la définition suivante:

> « (...) the term 'State' (i) means an entity consisting of a people inhabiting a defined territory, under an organized system of government, and having the capacity to enter into international relations binding the entity as such, either directly or through some other State »[1].

Cette définition a été finalement supprimée du texte final. Certaines réticences par rapport à une telle définition ont également été exprimées lors de débats sur le projet de déclaration sur les droits et devoirs des États. Alors que les membres britannique et indien estimaient que la définition du terme « État » était une exigence pour l'adoption de ce texte, la CDI avait estimé qu'elle n'avait pas une utilité particulière et que le terme « État » était utilisé dans le sens communément admis dans la pratique internationale[2].

Aujourd'hui, le droit international régit la formation de l'État. Pour Malcom Shaw, la formation de l'État « (...) is a matter of fact that is legally conditioned (...) »[3]. Selon l'acception classique, elle repose sur la réunion de trois éléments constitutifs[4]. La définition communément citée figure à l'article 1er de la Convention de Montevideo de 1933 :

> « L'État comme personne internationale doit réunir les conditions suivantes : 1) population permanente ; 2) territoire déterminé ; 3) gouvernement ; 4) capacité d'entrer en relation avec les autres États »[5].

---

1 Annuaire de la Commission du droit international, novembre 1956, vol. II, Rapport de G. G. Fitzmaurice Rapporteur spécial, A/CN.4/101, art. 3, p.107.

2 Annuaire de la Commission du droit international, 1949, 36e réunion du 8 juin 1949, p. 259 par. 26.

3 SHAW, M. N., *International Law*, Cambridge, Cambridge University Press, 2017, 8th ed., p. 164.

4 ROUSSEAU, C., *Droit international public*, Paris, Sirey, 1975, tome II, p.15.

5 Convention panaméricaine sur les droits et devoirs des États, 26 décembre 1933, S.D.N., *Recueil des traités*,
n. 165, p. 19.

Cette définition a été longuement critiquée. Sa portée normative serait très limitée[1], elle inclurait des éléments qui ne sont pas nécessaires à la formation de l'État[2] ou manquerait d'éléments essentiels à sa création[3].

Malgré ces critiques, qui semblent d'ailleurs plutôt être dirigées vers l'incomplétude et les difficultés qui peuvent naître de l'application des critères de l'État[4], la définition contenue dans la Convention de Montevideo est largement acceptée. En effet, dans la pratique et la jurisprudence internationales, la définition de l'État repose au moins sur les trois exigences minimales que sont le territoire, la population et le gouvernement. Ainsi, bien avant que la Convention de Montevideo ne soit adoptée, le tribunal arbitral mixte germano-polonais relevait dans l'affaire de la *Deutsche Continental Gas-Gesellschaft* de 1929 que

> « (…) un État n'existe qu'à la condition de posséder un territoire, une collectivité d'hommes habitant ce territoire, une puissance publique s'exerçant sur cette collectivité et ce territoire »[5].

De même, dans son premier avis, la Commission d'Arbitrage de la Conférence européenne pour la paix en Yougoslavie, présidée par Robert Badinter, précisait que

---

[1] GRANT, T. D., « Defining Statehood: the Montevideo Convention and its discontent », *Colombia Journal of Transnational Law*, 1999, p.434.

[2] Voir CRAWFORD, J., *The Creation of States in International Law*, *op. cit.*, p. 47 (par rapport à la capacité d'entrer en relations avec d'autres États) ; SCELLE, G., « Obsession du territoire. Essai d'étude réaliste de droit international », in *Symbolae J. H. W. Verzjil*, Leiden, Martinus Nijhoff, 1958, pp.347-361 (par rapport au territoire qui ne serait pas un critère de l'État au moment de sa formation).

[3] CRAWFORD, J., *The Creation of States in International Law*, p. 58 (pour qui l'indépendance est un critère essential de l'État) ; SHAW, M. N., *op. cit.*, p.158 (pour qui ces critères « are neither exhaustive nor immutable).

[4] WONG, D., « Sovereignty Sunk?: the Position of 'Sinking States' in International Law », *Melbourne Journal of international law*, 2013, vol.14, p. 355.

[5] Tribunal arbitral mixte germano-polonais, *Deutsche Continental Gas-Gesellschaft c. État polonais*, sentence du 1er aout 1929, *Recueil des Tribunaux arbitraux mixtes*, vol. IX, p. 346.

« (…) l'État est communément défini comme une collectivité qui se compose d'un territoire et d'une population soumis à un pouvoir politique organisé »[1].

Dès lors, la présente étude s'appuiera sur cette définition, en tant que formulation la plus largement acceptée des critères de l'État.

Enfin, un débat existe sur le champ d'application de ces éléments constitutifs. La question qui se pose est celle de savoir si pareille définition pose des critères prescriptifs applicables à l'existence et à l'extinction des États, ou s'ils ne servent qu'à s'assurer de leur création. Il existerait pour certains une différence essentielle entre les critères de formation de l'État, et ceux permettant d'apprécier leur continuité ou leur disparition[2]. Pour Thomas Grant par exemple, « (…) the Montevideo Convention was concerned with whether an entity became a state, not with how an entity might cease to be a state »[3]. Il s'appuie sur l'exemple de la Somalie pendant la guerre civile, qui a survécu en tant qu'État malgré la perte de contrôle sur son territoire et un gouvernement peu effectif [4].

Le débat semble ouvert sur cette question. Il existe certes une distinction entre la création d'un nouvel État d'une part, et la subsistance ou l'extinction d'un État établi d'autre part. Néanmoins, les instruments internationaux et la jurisprudence relatifs à la définition de l'État n'établissent pas une distinction entre les critères s'appliquant à la création de l'État, et ceux valables pour sa continuité. Par exemple, le tribunal arbitral mixte germano-polonais relevait uniquement que l'État « existe » à condition de posséder un territoire, une population et un gouvernement, et non que sa création repose sur ces critères. La pratique contient certes des exemples qui semblent remettre en cause le caractère prescriptif des éléments de l'État. Mais ces exemples constituent peut-être des exceptions qui reposent sur des considérations supplémentaires.

---

[1] Commission d'Arbitrage de la Conférence pour la paix en Yougoslavie, avis n°.1, 29 novembre 1991, *RGDIP*, 1992, p.264.

[2] Voir SHEARER, I. A., *Starke's International Law*, Sydney, Butterworths, 2003, 12th ed., pp.722-728.

[3] GRANT, T. D., *op. cit.* p. 59., p.435.

[4] *Ibid*

Ainsi, la présente étude reposera sur une interprétation extensive de la définition de l'État. Ses éléments constitutifs seront appréhendés à la fois comme une condition de formation de l'État, mais aussi de sa pérennité. Ainsi, ils serviront de point de départ pour l'analyse de la survivance des PEI face aux effets du changement climatique.

*

La présente étude repose sur l'analyse du cadre juridique existant. Elle entend préciser l'environnement juridique dans lequel le phénomène de la disparition des PEI s'inscrit. Avant d'anticiper et de mieux appréhender une telle situation, la compréhension du cadre juridique dans lequel elle s'insère constitue une nécessité.

Une telle approche diffère des écrits qui, majoritairement, partent déjà de l'hypothèse, ou en viennent rapidement à la conclusion, que les PEI perdront leur qualité étatique. Avec un certain empressement, cette conclusion ou cette hypothèse permet ensuite de proposer des solutions pour remédier à cette situation. Dans un élan d'activisme, d'autres écrits proposent des normes juridiques qui permettraient de contrebalancer la perte par les PEI de leur qualité étatique.

Dès lors, dans une perspective analytique et critique, la présente étude consistera à examiner l'adéquation des règles de droit international et leur applicabilité à la situation des PEI. La question qui se pose est celle de savoir si les règles de droit international offrent une réponse au problème de la survie des « Petits États Insulaires » qui sont menacés par les effets du changement climatique ?

Dans cette optique, cette étude cherchera à fournir des éléments de réponse en débutant par l'analyse des normes juridiques applicables à la perte de l'emprise territoriale des « Petits États Insulaires » (Partie 1). Ensuite, pour déterminer si les solutions proposées dans la littérature rentrent dans le cadre juridique en vigueur, il s'agira d'examiner les hypothèses de préservation de la personnalité juridique de ces États (Partie 2).

PREMIÈRE PARTIE

Les normes juridiques applicables à la perte de l'emprise territoriale des PEI

La détermination de la capacité du droit international à répondre au problème de la survivance des PEI passe par l'analyse des normes juridiques qui sont applicables à la perte de l'emprise territoriale. En principe, de l'application de ces normes à la situation des PEI devrait découler un ensemble de conséquences.

En ce qui concerne ces normes, les PEI ne présentent aucune particularité juridique, le droit international ne prenant pas en considération les spécificités que ces États peuvent présenter. Dès lors, les règles encadrant l'existence des États restent également applicables aux PEI. Celles-ci régissent tout autant la qualité étatique des PEI (Chapitre 1) que les corollaires de cette qualité étatique (Chapitre 2).

CHAPITRE 1

La qualité étatique des PEI

1. L'État insulaire : une entité essentiellement territoriale

En droit international, le territoire est un élément constitutif essentiel de l'État. Les règles encadrant sa disparition reposent d'une part sur la flexibilité de l'élément territorial ; cependant cette flexibilité n'est en réalité qu'apparente. D'autre part, et ce à la lumière du phénomène de perte d'emprise territoriale des PEI, ces règles reflètent l'existence en droit international d'un régime incertain de la disparition physique du territoire.

Les traités de Westphalie, signés en 1648, ont exercé une influence considérable sur l'organisation mondiale moderne. En effet, en rétablissant la paix et la sécurité en Europe, ils ont également fait des États-nations, délimités par des frontières, la base du système international. C'est ainsi que grâce en partie au système westphalien, le territoire a acquis une importance particulière.

Le territoire est non seulement la « base concrète »[1] ou l'« assiette spatiale »[2] de l'État, mais il « détermine également le champ d'exercice des compétences »[3] étatiques, et constitue

[1] COMBACAU, J., SUR, S., *Droit international public*, LGDJ, 13ème éd., Paris, 2019, p.313
[2] *Ibid*
[3] CORNU, G. (dir.), *Vocabulaire juridique*, Paris, PUF, Quadrige, 2020, 13ème éd. mise à jour, p.1022.

de ce fait un « marqueur de souveraineté »[1]. En ce sens, le territoire est généralement identifié comme un critère fondamental d'existence et de continuité de l'État. Malgré certaines divergences qui ont pu naitre dans l'analyse des relations entre l'État et son territoire[2], l'importance du territoire pour l'État a pu être soulignée à plusieurs occasions dans la jurisprudence. Pour ne citer que quelques exemples, dans l'affaire de l'*Ile de Palmas* de 1928, l'arbitre Max Huber relevait que la compétence de l'État sur son territoire constitue « le point de départ de la plupart des questions qui touchent aux rapports internationaux »[3]. L'interdiction des assauts à la souveraineté territoriale témoigne aussi de l'importance que revêt le territoire. Ainsi, dans l'affaire du *détroit de Corfou* de 1949, la CIJ affirmait qu'« Entre États indépendants, le respect de la souveraineté territoriale est une des bases essentielles des rapports internationaux »[4].

La doctrine partage le même point de vue. À ce propos, Philippe Jessup affirmait que « (…) one cannot contemplate a state as a kind of disembodied spirit (…). [T]here must be some portion of the earth's surface which its people inhabit and over which its government exercises authority »[5]. Nous pouvons également relever l'affirmation de Lassa Oppenheim, pour qui « a State without a territory is not possible »[6] ou encore celle de Giovanni Distefano qui relevait que « (…) la notion moderne d'État (depuis assurément la paix de Westphalie) s'est

---

1 DUPUY, P. M., KERBRAT, Y., *Droit international public*, Dalloz, Paris, 15ème éd., 2020, p.57.

2 Nous faisons référence ici aux trois principales théories portant sur les relations entre l'État et le territoire, à savoir la théorie du « territoire objet », celle du « territoire sujet » et celle du territoire comme domaine de validité de l'ordre juridique de l'État. Voir BARBERIS, J. A., « Les liens juridiques entre l'État et son territoire : perspectives théoriques et évolution du droit international », *AFDI*, 1999, vol. 45, pp.136-140.

3 CPA, *affaire de l'Ile de Palmas (États-Unis c. Pays-Bas)*, sentence du 04 avril 1928, p.8. Traduction libre.

4 CIJ, *affaire du détroit de Corfou*, arrêt du 9 avril 1949, *Rec.*, p.35.

5 Documents officiels du Conseil de sécurité, 3e année, 383e réunion, 2 décembre 1948, Palais de Chaillot Paris, no 128, p. 41.

6 OPPENHEIM, L., *International Law: A Treatise*, London; New York, Longsman, Green & Co, 1955, 8th ed., vol. 1, p.451 cité par GROTE STOUTENBERG, J., *ibid.*

inextricablement liée à la notion du territoire jusqu'à s'y confondre »[1].

Bien que le territoire représente un élément essentiel pour l'État, il ne constitue cependant pas un critère rigide. Comme le relevait autrement James Crawford, « Sovereignty comes in all shapes and sizes »[2]. En effet, en droit international, le territoire de l'État est librement apprécié. Il est marqué par une flexibilité et une souplesse quant à son ampleur ainsi que sa délimitation. Ainsi, par rapport à la délimitation du territoire, la CIJ relevait dans l'affaire du *Plateau continental de la mer du Nord* qu' « Aucune règle ne dispose (…) que les frontières terrestres d'un État doivent être complètement délimitées et définies (…) »[3], ni d'ailleurs qu'elles ne fassent l'objet d'aucune revendication de la part d'autres États. C'est ainsi que par exemple, l'existence de l'Albanie n'a pas été remise en cause avant la première guerre mondiale, bien que ses frontières étaient contestées. Concernant ensuite l'ampleur du territoire, le droit international accorde peu d'importance à ses dimensions ou à sa structure, continue ou discontinue[4] ; il suffit en effet que l'État dispose d'un minimum de base territoriale[5]. Les petits États insulaires, par exemple, ont sur des superficies réduites ; la superficie de Nauru est de 21 km^2 et celle des Kiribati de 26 km^2. De plus, certains d'entre eux, comme les Îles Marshall ou les Maldives, ont un territoire discontinu puisqu'ils sont composés de nombreuses petites îles séparées et isolées.

La flexibilité de l'élément territorial s'applique à la naissance d'un État, mais également à sa continuité. En d'autres termes, les mutations territoriales que les États peuvent connaitre au cours de leur existence n'affectent pas leur statut étatique. C'est ainsi qu'un État ne perd pas sa qualité du seul

---

[1] DISTEFANO, G., *L'ordre international entre légalité et effectivité*, Paris, Pedone, 2002, pp.25-26.

[2] CRAWFORD, J. *The Creation of States in International Law*, Oxford University Press, 2nd edition, Oxford, 2006, p.47.

[3] CIJ, *Plateau continental de la mer du Nord (République fédérale d'Allemagne c. Pays-Bas)*, arrêt du 20 février 1969, *Rec.* 1969, §46.

[4] DUPUY, P. M., KERBRAT, *op. cit.*, p. 32.

[5] FORTEAU, M., MIRON, A., PELLET, A., *Droit international public*, Paris, LGDJ, 2022, 9ème éd., p.454.

fait de la diminution ou de l'augmentation de son territoire, ni du fait de la modification de ses frontières[1]. Il peut en être ainsi même lorsque le territoire acquis, perdu ou disputé est plus grand que le territoire originel ou restant de l'État[2]. Par exemple, la perte par l'Allemagne d'une importante partie de son territoire après sa capitulation en 1945 n'a pas eu de conséquence sur sa qualité d'État. De même, après avoir perdu plus de la moitié de son territoire en 1870 au profit de l'Argentine, le Paraguay est resté le même État[3].

Face au risque de perte d'emprise territoriale des PEI, la définition flexible du territoire de l'État constitue une règle favorable pour ces États. En effet, dans l'hypothèse d'une diminution physique de leur territoire liée au changement climatique, celle-ci protège les PEIs contre une remise en cause de leur qualité étatique. La validité de cette protection vaut aussi bien pour une diminution minime, que substantielle de leur territoire.

Néanmoins, la flexibilité de l'élément territorial ne semble pas s'étendre à l'infini et pourrait même être considérée comme apparente voire illusoire. En effet, en droit international, le territoire n'est pas uniquement un concept géographique, relatif aux zones physiques du globe[4]. Il ne constitue pas non plus le simple élément corporel et concret de l'État[5]. Le territoire représente plutôt la base qui soutient l'existence d'une population et sur laquelle le gouvernement exerce son autorité et déploie l'ensemble de ses compétences. Concrètement, il est à la fois une unité de protection pour ceux qui se trouvent à l'intérieur de ses frontières, il fournit des ressources économiques, crée des liens historiques et culturels, et facilite à l'État l'exercice effectif de ses compétences[6]. Ainsi, nous

---

1 *Ibid*

2 CRAWFORD, J., *op.cit*., p. 673.

3 FORTEAU, M., MIRON, A., PELLET, A., *op. cit.*, p.454.

4 KOHEN, M. G. (*ed.*), *Territoriality and international law*, Cheltenham, Edward Elgar Publishing Ltd, 2016, p.18.

5 *Ibid*, p.14.

6 GOTMAN, J., *The Significance of Territory*, Virginia, University of Virginia Press, 1973, pp. 133-134. Cité par ABHIMANYU, G. J., « The 21st Century Atlantis: The International Law of Statehood and Climate Change-Induced

passons d'une interprétation matérielle du territoire, qui ne nécessite pas une application stricte de l'élément territorial, à une interprétation fonctionnelle, qui requiert du territoire qu'il puisse remplir l'ensemble des fonctions qui lui sont attribuées[1]. Selon Jenny Grote Stoutenburg, cette interprétation fonctionnelle du territoire prévaut aujourd'hui en droit international et elle le résume par l'assertion suivante: « After all, the postulate of a (...) territory was not included in the definition of statehood as an end in itself, but as a means to an end: it is the physical basis that ensures that people can live together as organized communities »[2]. Une analogie peut être faite ici entre l'interprétation fonctionnelle du territoire et la règle de l'occupation effective qui fonde la revendication d'un titre territorial. Définie par l'arbitre Max Huber dans la sentence sur *l'Ile de Palmas* de 1928, cette règle signifie qu'un État doit être en mesure de démontrer qu'il exerce un contrôle effectif sur un territoire pour revendiquer un titre sur celui-ci[3]. Concrètement, cette interprétation suggère qu'un territoire inhabitable ou trop exigu pour abriter une population et son gouvernement ne remplit plus sa fonction en droit international.

Contrairement à la flexibilité du territoire qui constitue une règle favorable pour les PEI, l'interprétation fonctionnelle de l'élément territorial est désavantageuse pour ces États. En effet, la perte d'emprise territoriale des PEI se manifeste d'une part par la réduction physique du territoire (érosion ou submersion)[4],

---

Loss of Territory », *Stanford Journal of International Law*, 2014, vol. 50, p.23.

[1] KELSEN, H., « The Pure Theory of Law and Analytical Jurisprudence », *Harvard Law Review*, 1941, vol. 55, no.1, p.62.

[2] GROTE STOUTENBERG, J., *op. cit.*, p.254.

[3] CPA, *affaire de l'Ile de Palmas (États-Unis c. Pays-Bas)*, sentence du 04 avril 1928, pp. 16-17. Traduction libre.

[4] Certains cas d'érosion côtière ou de submersion de certains villages aux Iles Tonga et aux Iles Salomon ont déjà été documentés. Ces phénomènes ont entrainé la migration internes de certaines populations, d'une île à une autre. Voir à ce propos COP23, Fiji, « Tonga », en ligne : COP23 - Fiji (« Several communities have already relocated to other Tongan islands as rising seawater overtook their old villages » et BRONEN, R., « Choix et nécessité : des cas de réinstallations dans l'Arctique et le Pacifique Sud », Revue Migrations Forcées, mars 2014, numéro 45, p 19.

et d'autre part par un ensemble de phénomènes comme la salinisation de l'eau, la pénurie en eau douce ou une baisse des rendements agricoles qui peuvent sur le long terme rendre un territoire peu propice à l'habitat humain[1]. Ainsi, si leur territoire rétrécit ou se dégrade au point de ne plus pouvoir soutenir une partie de la population et son gouvernement, il ne remplit plus ses fonctions. Appliquée aux PEI, cette interprétation fonctionnelle pourrait donc fragiliser leur qualité étatique.

Les règles de droit international encadrant la diminution du territoire sont ainsi marquées par la flexibilité, néanmoins apparente, de l'élément territorial . Si cette flexibilité est largement établie en théorie et en pratique, tel n'est pas le cas du régime de la disparition physique du territoire de l'État qui est lui très incertain.

Les États sont des entités muables. Comme le souligne James Crawford, « States are not static. (…) territories change (…). International law is based on this assumption »[2]. En effet, au cours de leur existence, les États peuvent connaitre des mutations diverses. L'exemple des PEI nous montre qu'ils peuvent notamment subir des mutations territoriales. Les causes de ces mutations peuvent être diverses. Parmi elles, la disparition physique du territoire semble constituer l'une des hypothèses les plus problématiques pour la stabilité de l'État, et des relations internationales en général.

Pourtant, force est de constater que comme le relève Derek Wong, « International law has assumed territory will always exist (…) »[3]. L'auteur fait ici référence à l'existence physique du territoire. En effet, la disparition physique des États a été très peu envisagée en droit international, en dehors de ce qu'August Wilhem Heffter appelait « les rares cas d'avulsion »[4]. Une rare

---

[1] LE FLOCH, Guillaume, « La question de la survie de l'État dont le territoire et la population disparaissent », Colloque international « Élévation du niveau de la mer et droit international », Centre de Droit Maritime et Océanique de l'Université de Nantes, 15 juin 2021.

[2] CRAWFORD, J., *op.cit.*, p. 667.

[3] WONG, D., « Sovereignty Sunk? the Position of 'Sinking States' in International Law », *Melbourne Journal of international law*, 2013, vol.14, p. 348.

[4] HEFFTER, A. W., *Le droit international public de l'Europe*, Jules Bergson (trad.), Berlin, E-H Schroeder, Paris, Cotillon, 1957, p.152.

référence peut être trouvée dans le commentaire de l'article 61 de la Convention de Vienne sur le droit des traités qui évoque l'hypothèse de la submersion d'une île pour excuser l'inexécution d'un traité[1]. Pour autant, cette situation a plutôt été présentée comme une hypothèse déraisonnable voire fantaisiste[2]. En attestent les propos de Georges Scelle, qui relevait en 1932 que « La disparition d'un État, du point de vue matériel, est une chose inconcevable à moins de supposer un cataclysme engloutissant un territoire (…) »[3]. Également, rares sont les ouvrages de droit international public qui envisagent une telle disparition du territoire de l'État. En droit international, l'attention a en effet été portée sur les mutations territoriales découlant de situations contraires au droit international comme l'annexion, ou sur les mutations consenties par des actes juridiques comme dans le cas de la cession. Une explication simple peut être apportée à ce que Derek Wong appelle « a lacuna in the law »[4]. En effet, la pratique internationale a connu de nombreux précédents d'annexions ou de cessions de territoires. L'annexion des États baltes entre 1940 et 1991 ou de la Pologne en 1939, ainsi que la cession de la Louisiane par la France aux États-Unis en 1803 sont illustratives. *A contrario*, la disparition physique du territoire est « une mutation territoriale inédite »[5] qui n'a fourni aucun précédent.

Du fait de cette lacune, la disparition physique du territoire des PEI ne pourra être envisagée qu'à travers le régime commun des mutations territoriales prévues par le droit international. Or, jusqu'à aujourd'hui, ce régime repose sur le

---

[1] CDI, Projet d'articles sur le droit des traités et commentaires, *Annuaire de la Commission du droit international*, 1966, vol. II, p. 278.

[2] LELARGE, A., « La disparition du territoire de l'État du fait de l'élévation du niveau des mers », in CAMGUILHEM, B., PESSINA DASSONVILLE, S. (dir), *Territoire : approches juridiques*, Presses universitaires de Rouen et du Havre, 2021, p. 91.

[3] SCELLE, G., Précis de droit des gens : Principes et systématique, vol. I, Sirey, 1932, réimpr. Dalloz, coll. Bibl. D., 2008, p.110, cité par JEANNENEY, J., « L'Atlantide. Remarque sur la submersion de l'intégralité du territoire d'un État », *RGDIP*, 2014, vol. 118, n. 1, p.95.

[4] WONG, D., *op.cit.*, p.362.

[5] LELARGE, A., *op. cit.*, p.91.

postulat qu'une mutation territoriale implique nécessairement que le territoire passe de la souveraineté d'un État à celle d'un ou de plusieurs États successeurs. En atteste le régime fixé dans la Convention de Vienne de 1978 sur la succession d'États en matière de traités. Les mutations territoriales qui y sont invoquées appellent automatiquement à résoudre la question de la succession. Elles ne prévoient pas l'hypothèse où la mutation territoriale n'appelle à aucune succession, et éteint de ce fait les obligations de l'État prévues par les traités[1]. Cela est également le cas en pratique, où les mutations territoriales ont été souvent suivies d'une succession. Par exemple, dans le cadre de l'annexion de la Pologne, le territoire polonais est passé de la souveraineté de la Pologne à celle de l'Allemagne. Pour la cession de la Louisiane, le territoire est également passé de la souveraineté de la France à celle des États-Unis. En d'autres termes, en vertu du régime commun, la question de la mutation territoriale est inséparable de celle de la succession territoriale. C'est en ce sens que Aurélia Lalarge affirme que « La perte ou disparition du territoire est essentiellement appréhendée dans le cadre de la succession d'États (…) » et que « La question de la disparition du territoire sans transfert de titre est en revanche largement délaissée par les internationalistes »[2]. Il s'agit là d'une situation paradoxale pour les PEI qui subissent une disparition physique de leur territoire. En effet, cette dernière n'appelle à aucune considération en matière de succession, un territoire disparu ne pouvant être transféré. Ainsi, pour les PEI et les internationalistes confrontés à un tel phénomène, le régime commun est peu utile puisqu'il est incomplet et est à l'origine de nombreuses incertitudes.

Les incertitudes entourant la disparition physique du territoire sont d'autant plus nombreuses que le droit international ne détermine pas le moment à partir duquel la disparition du territoire peut avoir une incidence sur le statut étatique. Il s'agit là d'une incertitude liée à la flexibilité de

---

[1] Convention de Vienne sur la succession d'États en matière de traités, faite à Vienne le 23 août 1978, entrée en vigueur le 6 novembre 1996, Nations Unies, *Recueil des Traités*, vol. 1946, p.3.

[2] LELARGE, A., *op. cit.*, p.91

l'élément territorial. En effet, il est de façon générale fait référence à la nécessité pour l'État de posséder un « territoire suffisant ». Par exemple, dans la sentence arbitrale rendue dans l'affaire *Deutsche Continental Gesellschaft c. État polonais*, le tribunal arbitral mixte germano-polonais a précisé que « In order to say that a State exists (...), it is enough that this territory has a sufficient consistency (...) »[1]. L'imprécision de ce terme a entrainé plusieurs spéculations. Certains auteurs ont par exemple soutenu que la disparition du territoire n'avait aucun effet sur la qualité étatique tant que le « noyau territorial »[2] de l'État subsiste ; ce concept reste cependant très imprécis. À moins de se fonder sur une interprétation fonctionnelle du territoire, les conséquences de la disparition physique du territoire sur la qualité étatique des PEI restent donc floues. En effet, face à cette incertitude, il est difficile de déterminer le moment à partir duquel la disparition physique du territoire des PEI a une conséquence sur leur statut étatique.

Ainsi, il ressort de l'analyse des règles de droit international pertinentes que celles-ci présentent de nombreuses incertitudes en ce qui concerne le régime de la disparition physique du territoire.

Les PEI restent néanmoins des États particuliers. Comme le relève à juste titre James Crawford, « Island States can be defined as States all of whose boundary problems are maritime »[3]. En d'autres termes, les PEI sont bien des États au sens du droit international général, mais ils constituent aussi des « îles » au sens du droit international de la mer. Ce constat amène à analyser le corpus juridique du droit international de la mer pour y chercher des réponses supplémentaires à la question de la survivance des PEI.

---

[1] German-Polish Mixed Arbitral Tribunal, *Deutsche Continental Gas-Gesellschaft v. Polish State*, 1929, Annual Digest/International Law Reports, 5 (11), pp. 14-15.

[2] Voir HALL, W. E., *A Treatise on International Law*, Oxford, Clarendon Press, 1895, 4ème ed., p.22. Il relève que « the identity of states therefore is considered to subsist so long as part of the territory can be recognized as the essential portion through the preservation of the capital or the original territorial nucleus".

[3] CRAWFORD, J., « Islands as Sovereign Nations », *The International and Comparative Law Quaterly*, 1989, vol. 38, n.2, p.277.

En effet, la montée des eaux peut avoir des conséquences drastiques sur les différentes formations maritimes régies par le droit international de la mer, notamment sur les îles. Ces conséquences peuvent se manifester par la submersion du territoire des PEI, notamment ceux de basse altitude, mais aussi par leur inhabitabilité progressive.

Les études doctrinales sur ce sujet sont majoritairement centrées sur les conséquences de la montée des eaux sur la délimitation maritime[1]. Sur la base du principe « la terre domine la mer » rappelé par la CIJ dans son arrêt de 1969 sur le *Plateau continental de la Mer du Nord*[2], ces études relèvent que la disparition du territoire des PEI affectera nécessairement leurs droits maritimes.

L'application de la Convention des Nations Unies sur le droit de la mer de 1982 dépend de l'existence d'un État, et celle-ci ne dit rien sur la nature territoriale des différentes formations maritimes. Pourtant, une analogie peut être faite entre le régime juridique prévu par cette convention et le critère territorial de l'État. Celle-ci est la suivante: peut constituer un territoire étatique une formation maritime qui a une capacité totale à générer des zones maritimes[3], permettant ainsi à l'État de revendiquer l'intégralité de ces zones. Cette analogie peut s'expliquer par le fait qu'en droit international de la mer, seul le territoire peut engendrer des zones maritimes. Ainsi, comme le relève George Jain Abhimanyu, « under the UNCLOS, as under the international law of statehood, the purpose of the rules is to define the circumstances under which territory can be used as a basis for claims to international law rights »[4].

---

[1] La bibliographie proposée par la Commission du Droit International dans la partie de son rapport sur « L'élévation du niveau de la mer au regard du droit international » est révélateur. Voir Nations Unies, Rapport de la Commission du Droit International, Soixante-dixième session (30 avril-1er juin et 2 juillet-10 aout 2018), A/73/10, pp.358-361.

[2] CIJ, *Délimitation maritime en mer Noire (Roumanie c. Ukraine)*, arrêt du 3 février 2009, *Rec. 2009*, parag. 77.

[3] Les zones maritimes en question sont la mer territoriale, la zone contiguë, la Zone Économique Exclusive (ZEE) et le plateau continental.

[4] ABHIMANYU, G. J., « The 21st Century Atlantis: The International Law of Statehood and Climate Change-Induced Loss of Territory », *op. cit.*, p.36.

Étant donné le caractère progressif de la montée des eaux, il conviendra de déterminer à la fois le statut du territoire submergé selon le droit international de la mer, ainsi que celui du territoire rendu inhabitable.

La submersion du territoire des PEI n'est pas un phénomène uniforme. Celle-ci peut consister en une submersion permanente du territoire, mais également en une submersion périodique ou temporaire de l'île à marée haute[1]. Dans les deux cas, la Convention des Nations Unies sur le droit de la mer ne fait pas de référence explicite à la submersion d'un État insulaire. En effet, cette hypothèse n'avait pas été envisagée lors de la négociation et l'élaboration de ce traité. Néanmoins, il ressort implicitement de certaines dispositions de la Convention, ainsi que de la jurisprudence internationale, qu'un territoire submergé ne peut pas servir de base à la revendication de droits maritimes. Sur la base de l'analogie susmentionnée, il est donc possible de conclure qu'en droit international de la mer, un territoire submergé ne peut plus servir de base territoriale à un État.

Concernant tout d'abord la submersion permanente du territoire, l'article 121 (1) de la Convention de Montego Bay portant sur le « Régime des îles » dispose qu' « Une île est une étendue naturelle de terre entourée d'eau qui *reste découverte à marée haute* »[2]. Ainsi, il ressort de cet article que toute formation maritime submergée à marée haute ne constitue pas une île en droit international de la mer, et ne dispose donc pas d'une capacité à générer des zones maritimes. Cet article constitue un indice, clair et sans équivoque, qu'un territoire submergé ne permet plus à l'État de revendiquer les zones et droits maritimes qui sont naturellement rattachés à l'existence d'un territoire étatique. Appliqué aux PEI, il est possible de conclure qu'un territoire submergé ne peut plus servir de base territoriale, mettant ainsi en danger leur statut étatique. En d'autres termes, comme le résument Miguel Esteban et Lilian Yamamoto, « (…) Article 121 of UNCLOS is clear in that an island which is entirely submerged would have difficulty

---

[1] GROTE STOUTENBERG, J., *op.cit.*, p.155.

[2] Nous soulignons.

claiming that it existed as a state (…) »[1]. C'est également ce que confirment Alberto Cossi et Nathan Jan Ross pour qui « (…) according to the UNCLOS definition, if an atoll is inundated and disappears (…) it will no longer constitute an 'island'. As such, it is unlikely to be considered land territory, as required by the UNCLOS. If this is to occur to all islands of a low-lying State, there will no longer be any land territory »[2].

En droit international de la mer, le statut d'un territoire temporairement submergé est également clair. En effet, la Convention de Montego Bay fait une distinction catégorielle entre les îles, définies à l'article 121(1), et les hauts-fonds découvrant, définis à l'article 13[3]. Selon cet article, les hauts-fonds sont des « (…) élévations naturelles de terrain qui sont entourées par la mer, découvertes à marée basse et recouvertes à marée haute ». De plus, selon le paragraphe 2 de l'article 13, ils ne génèrent pas de mer territoriale propre, même s'ils peuvent être utilisés comme points de base pour mesurer la largeur de la mer territoriale lorsqu'ils sont situés à une distance du continent ou d'une île qui ne dépasse pas la largeur de la mer territoriale. Le haut-fond découvrant constitue donc une formation maritime qui est émergée à marée basse, mais submergée à marée haute et qui n'a pas la capacité de générer l'intégralité des zones maritimes.

Concrètement, une île pourrait se transformer en un haut-fond découvrant. Du fait de la montée des eaux, l'île formant la base territoriale d'un État insulaire devient un haut fond découvrant dès lors que celle-ci est submergée à marée haute. C'est ce que relève Eduardo Jimenez, pour qui « (…) the sea level rise could potentially cause the traumatic change from a

---

[1] ESTEBAN, M., YAMAMOTO, L., «Vanishing Island States and Sovereignty », *Ocean & Coastal Management*, 2010, vol. 53, no.1, p. 10.
[2] COSTI, A., ROSS, N. J., « The Ongoing Legal Status of Low-Lying States in the Climate-Changed Future », In BUTLER, P., MORRIS, C. (eds), *Small States in a Legal World*, Heildelberg, Springer Publishing, 2017, p.111.
[3] GROTE STOUTENBERG, J., *op.cit*, p.155.

sovereign State (due to the condition of island) to (…) a low-tide elevation (…) »[1].

Or, la CIJ a eu l'occasion de préciser que les hauts-fonds découvrants ne constituent pas un territoire qui pourrait générer des espaces de juridictions maritimes. En effet, dans l'arrêt sur le *Délimitation maritime et les questions territoriales entre le Qatar et le Bahreïn* de 2001, il s'agissait pour la CIJ de déterminer si les hauts-fonds découvrants pouvaient être considérés comme un territoire. Les deux États avaient convenu que la formation maritime soumise au litige, à savoir Fasht Ad Dibal, était un haut-fond découvrant. Mais alors que Bahreïn prétendait que « les hauts-fonds découvrants sont, par leur nature même, des territoires et peuvent donc faire l'objet d'une appropriation conformément aux critères relatifs à l'acquisition de territoires »[2] et revendiquait Fasht ad Dibal comme territoire, le Qatar relevait lui que « Fasht ad Dibal, en tant que haut-fond découvrant, ne saurait faire l'objet d'une appropriation (…) »[3]. C'est ainsi que la Cour a pu préciser que « Le droit international conventionnel est muet sur la question de savoir si les hauts-fonds découvrants peuvent être considérés comme des 'territoires' »[4] mais que « Les quelques règles existantes ne justifient pas que l'on présume de façon générale que les hauts-fonds découvrants constituent des territoires au même titre que les îles »[5]. Si la conclusion de la CIJ peut paraître ambiguë dans cet arrêt, elle a pu cependant affirmer de façon catégorique dans l'arrêt sur le *Différend territorial et maritime entre le Nicaragua et la Colombie* de 2012 que « les hauts-fonds découvrants ne peuvent pas faire l'objet d'une appropriation »[6] et ne constituent donc pas un territoire, qui, en vertu de cette seule qualification, génèrent des espaces maritimes au même

---

[1] JIMENEZ, E. P., « The 'Disappearing Island State' Phenomenon. A Challenge to the Universality of the International Law of the Sea », *European Society of International Law (ESIL)*, 2018, conference paper n.11, p.6.

[2] CIJ, *Délimitation maritime et questions territoriales (Qatar c. Bahrein)*, arrêt du 16 mars 2001, *Rec. 2001*, p. 64.

[3] *Ibid*

[4] *Ibid*, pp. 65-66.

[5] *Ibid*

[6] CIJ, *Différend territorial et maritime (Nicaragua c. Colombie)*, arrêt du 19 novembre 2012, *Rec. 2012*, p. 21.

titre qu'une île[1]. Pareillement, dans l'arbitrage sur la *Mer de Chine méridionale* de 2016, la Cour permanente d'arbitrage précisant également que « With respect to the status of low-tide elevations, the Tribunal considers that notwithstanding the use of the term 'land' in the physical description of a low-tide elevation, such low-tide elevations *do not form part of the land territory of a State in the legal sense.* Rather they form part of the submerged landmass of the State (…) »[2], a donné raison aux Philippines pour qui les formations maritimes en litige constituaient des hauts-fonds découvrants, ne généraient aucune zone maritime et étaient insusceptibles d'appropriation[3]. Dès lors, l'application du raisonnement développé par la CIJ et la CPA permet de conclure qu'un territoire périodiquement submergé à marée haute, devenu de fait un haut-fond découvrant, ne constitue pas un territoire selon le droit international de la mer. La submersion périodique du territoire des PEI à marée haute pourrait donc remettre en question leur statut étatique.

Néanmoins, selon certains auteurs[4], le but initial du régime relatif aux hauts-fonds découvrants irait à l'encontre de leur application aux îles périodiquement submergées. En d'autres termes, une île temporairement submergée en raison de la montée des eaux demeurerait une île, plutôt que de constituer un haut-fond découvrant. En effet, pour ces auteurs, l'objectif initial de ce régime était de limiter la capacité des hauts-fonds découvrants à générer des zones maritimes, et ainsi de contrer l'expansionnisme des États en mer[5]. En attesterait le fait que l'article 13 autorise les hauts-fonds découvrants proches d'un continent ou d'une île à servir de base pour la détermination de la ligne de base, alors que les hauts-fonds découvrants qui ne sont rattachés à aucun élément principal n'ont pas d'effet sur la création de zones maritimes. Une lecture téléologique de cet article s'opposerait ainsi à ce qu'il soit applicable aux PEI. Bien

---

[1] GROTE STOUTENBERG, J., *op.cit.*, p.155.
[2] PCA, *South China Sea Arbitration award (Phil. v. China),* award of 12 July 2016, Case No. 2013-19, p.132, § 309.
[3] *Ibid,* pp.118-119, §§281-282.
[4] Voir par exemple GROTE STOUTENBERG, J., *op.cit.*, pp. 159-160.
[5] *Ibid*, p.159.

que favorable pour les PEI, cet argument est cependant contestable. Cela relèverait de la fiction juridique que d'affirmer qu'une île submergée à marée haute demeure une île au sens de la Convention de Montego Bay. En effet, cela reviendrait à déterminer le statut juridique d'une formation maritime contre son apparence factuelle et objective, créant de ce fait une distorsion importante entre le fait et le droit.

Le droit international de la mer apporte donc une réponse claire au statut juridique du territoire submergé, que celui-ci le soit de façon permanente ou périodique. À ce stade, cette branche du droit international paraît donc plus à même d'apporter une réponse au problème de la survivance des PEI : perdant leur base territoriale du fait de la montée des eaux, la qualité étatique des PEI est donc difficile à défendre. Cependant, le statut du territoire rendu inhabitable est lui beaucoup incertain.

L'un des effets du changement climatique le plus documenté est celui relatif à la montée des eaux et au risque de submersion du territoire. Toutefois, avant cette submersion, l'habitabilité de ces États pourrait être menacée. En effet, les évènements naturels et météorologiques extrêmes, les inondations, la pénurie en eau douce ou encore l'acidification des océans peuvent avoir des effets dévastateurs sur les activités humaines, et ainsi rendre ces îles impropres à l'habitation. La CPA le relevait elle-même dans l'arbitrage sur la *Mer de Chine méridionale:* « War, pollution, and *environmental harm* could all lead to the depopulation, for a prolonged period, of a feature that, in its natural state, was capable of sustaining human habitation »[1].

Du point de vue du droit international de la mer, les PEI courent le risque de passer du statut d'îles à celui de « rochers » tels qu'envisagés par l'article 121(3) de la Convention de Montego Bay. En effet, cet article dispose que « Les rochers qui ne se prêtent pas à l'habitation humaine ou à une vie économie propre n'ont pas de zone économique exclusive ni de plateau continental ». Dans l'hypothèse où le territoire des PEI est

---

[1] PCA, *South China Sea Arbitration award (Phil. v. China),* award of 12 July 2016, Case No. 2013-19, p.230, § 549. Nous soulignons.

rendu progressivement inhabitable, ces États pourraient passer de la catégorie d'îles à celle de rochers. C'est ce que Jenny Grote Stoutenburg appelle « the downgrading to the status of a rock »[1] . La question qui se pose alors est celle de savoir si du point de vue du droit international de la mer, une île satisfait encore au critère territorial de l'État lorsqu'elle devient un rocher qui ne se prête pas à l'habitation humaine ou à une vie économique propre.

Sur ce point, le droit international de la mer n'apporte pas de réponse claire. En attestent les nombreuses divergences sur cette question. Par exemple, pour Jenny Grote Stoutenburg, « Indeed, a rock could not form the territorial basis of an effective existing state »[2]. Mais pour d'autres comme Henk Jan Scholten, « an island which has become a rock in the sense of Art. 121(3), cannot categorically be excluded as a possible territorial basis for continued statehood (…) »[3]. Ce dernier point de vue est partagé par Jonathan Charney. En effet, selon lui, « A rock referred to in Article 121(3) is an island as defined in paragraph 1 of this article; the title, 'Regime of islands', denotes that all the features addressed in the article are islands, including rocks in paragraph 3 »[4]. Selon lui, un rocher ferait donc partie de la catégorie d'île, et par conséquent, il pourrait constituer la base territoriale d'un État. Ceci est clair au vu de la structure de l'article 121 et de la définition générique de l'île.

Il semble néanmoins que du point de vue du droit international de la mer, un rocher ne peut pas constituer la base territoriale d'un État. Deux raisons principales peuvent être invoquées. D'une part, cette conclusion est plus en accord avec l'interprétation fonctionnelle du territoire de l'État et la règle relative à l'occupation effective du territoire. En effet, reconnaître qu'un rocher qui ne se prête pas à l'habitation humaine ou à une vie économique propre satisfait au critère

---

[1] GROTE STOUTENBERG, J., *op.cit.*, p.153.

[2] GROTE STOUTENBERG, J., *op.cit.*, p.161.

[3] SCHOLTEN, H. J., (2011) *Statehood and State Extinction: Sea Level Rise and the Legal Challenges Faced by Low-lying Island-states*. Rijksuniversiteit Groningen, Thesis LLM International and European Law, p. 18.

[4] CHARNEY, J. I., « Rocks that Cannot Sustain Human Habitation », *AJIL*, 1999, vol. 93, no.4, p. 864.

territorial suppose nécessairement que le territoire n'a pas d'utilité fonctionnelle pour l'existence de l'État, et qu'il s'agit simplement d'une exigence formelle[1]. Bien que certains territoires étatiques ne sont pas habités, cette approche fonctionnelle du territoire semble prévaloir aujourd'hui[2].

D'autre part, l'application de l'analogie précitée entre le droit international de la mer et le critère territorial permet également de conclure qu'un « rocher » ne peut pas constituer la base territoriale d'un État. En effet, en vertu de l'article 121(3) de la Convention de Montego Bay, « Les rochers qui ne se prêtent pas à l'habitation humaine ou à une vie économique propre n'ont pas de zone économique exclusive ni de plateau continental ». Les rochers ont la capacité de générer certaines zones maritimes telles que la mer territoriale, et comme le relevait Prosper Weil, « (...) il n'y a pas mer territoriale que s'il y a territoire »[3], ce qui pourrait laisser penser que les rochers remplissent le critère du territoire étatique. Mais force est de constater que les rochers n'ont pas la capacité de générer l'ensemble des zones maritimes traditionnellement rattachées à l'existence d'un territoire étatique. Par conséquent, ils ne satisfont pas entièrement au critère territorial de l'État.

La simple analyse des règles de droit international de la mer n'apporte donc pas de réponse certaine à la question du statut territorial d'un rocher. La référence aux règles plus générales encadrant le territoire comme élément constitutif de l'État, et l'utilisation d'analogie, restent nécessaires.

Au-delà de cette incertitude, les internationalistes sont également confrontés au problème de la distinction entre les îles et les rochers qui ne se prêtent pas à l'habitation humaine ou à une vie économique propre. Toute la question est alors de savoir à partir de quand un PEI passe-t-il du statut d'île au sens

---

[1] ABHIMANYU, G. J., *op. cit.*, 35.

[2] Voir le Paragraphe 1 sur les règles encadrant la disparition du territoire.

[3] WEIL, P., « Les hauts-fonds découvrants dans la délimitation maritime. À propos des paragraphes 200-209 de l'arrêt de la Cour internationale de Justice du 16 mars 2001 en l'affaire de la Délimitation maritime et questions territoriales entre Qatar et Bahreïn », in ANDO, N., MCWHINNEY, E., WOLFRUM, R. (eds), *Liber Amicorum Judge Shigeru Oda*, Hague, The Hague Kluwer Law Internat, vol. I, 2002, p. 314.

de l'article 121§1, à celui de « rocher » au sens de l'article 121§3. Il s'agit là d'un problème lié à l'ambiguïté de l'article 121(3) de la Convention de Montego Bay. En effet, celui-ci peut conduire à des interprétations différentes, si bien qu'il a pu être qualifié de « notoriously unsatisfactory provision »[1]. L'ambiguïté de cet article est notamment liée au fait que les termes utilisés ne sont pas définis. Rien n'est dit sur ce que constituent une « habitation humaine et une vie économique propre ». Par exemple, aucun accord existe sur la question de savoir si l'habitation humaine doit être permanente ou si elle peut au contraire être occasionnelle. Par ailleurs, il n'existe pas d'unanimité sur la nature de la vie économique sur le rocher : celle-ci doit-elle être de nature commerciale ou est-ce que des activités marginales comme l'établissement d'un phare ou d'une station radio remplissent cette condition ? Ou encore, la vie économique doit-elle avoir forcément avoir lieu sur le rocher ou des activités maritimes telles que la pêche ou l'exploitation de ressources minérales du fond marin peuvent-elles être prises en considération ? Également, que signifie avoir une vie économique propre ? Implique-t-elle une autosuffisance complète sur l'île et exclut donc t'elle tout soutien extérieur[2] ? Toutes ces questions font l'objet d'interprétations différentes, et pourtant, les juridictions internationales ont eu l'occasion de clarifier l'article 121(3). Par exemple, dans l'affaire concernant la *Délimitation maritime dans la Mer Noire* entre la Roumanie et l'Ukraine de 2009[3], l'une des questions clés portait sur le statut insulaire de l'Ile des Serpents. Contrairement à l'Ukraine, la Roumanie soutenait que celle-ci était un rocher et n'avait donc droit qu'à une mer territoriale. Les deux parties ont interprété différemment les notions d'habitation humaine et de vie économique propre. Par exemple, l'Ukraine a précisé que ces notions devaient être comprises comme signifiant qu'au cours d'un certain nombre d'années, l'habitation humaine et la

---

[1] BIRD, E., PRESCOTT, V., « Rising Global Sea Levels and National Maritime Claims », *Marine Policy Reports* 177, 1989, vol. 1, p.186. Cité par GROTE STOUTENBERG, J., *op.cit.*, p.86.

[2] GROTE STOUTENBERG, J., *op.cit.*, pp.86-89.

[3] CIJ, *Délimitation maritime en mer Noire (Roumanie c. Ukraine)*, arrêt du 3 février 2009, *Rec. 2009*.

vie économique se sont avérées possibles sur l'île, ou encore qu'il fallait distinguer habitation humaine et population résidente de manière permanente. Malheureusement, la CIJ a éludé dans son raisonnement la question portant sur le statut de l'île des Serpents. *A contrario*, dans l'arbitrage sur la *Mer de Chine méridionale*, la Cour permanente d'arbitrage a pu apporter des clarifications sur l'interprétation de l'article 121 (3). Elle reconnaît d'abord que l'article 121 n'a pas fait l'objet d'un examen approfondi de la part des juridictions internationales, et qu'il repose sur un large éventail d'interprétations[1]. Elle procède alors à un examen très précis de chaque terme de l'article 121 (3), à savoir les notions de « rochers », « qui ne se prêtent pas », « soutenir », « habitation humaine, « ou » et « vie économique propre »[2]. Pour ce qui concerne la notion d'« habitation humaine », elle relève qu'elle implique la présence permanente d'individus sur l'île et ne peut être constituée par la simple présence d'un petit nombre d'individus[3] ; elle refuse néanmoins de fournir un nombre précis, se contentant de relever qu'un seul individu ne permet pas de caractériser une habitation humaine au sens de cet article[4]. Concernant la notion de « vie économique propre », elle précise qu'elle nécessite un certain niveau d'activité humaine locale (au-delà de la simple présence de ressources matérielles sur l'île), et qu'elle doit être indépendante, dans le sens où elle ne doit pas dépendre essentiellement de l'apport de ressources extérieures ni constituer une activité purement extractive[5]. Elle exclut également de cette définition les activités économiques découlant de l'exploitation des zones maritimes entourant le rocher car l'article exige un lien entre la vie économique et le rocher, plutôt que ses eaux adjacentes[6]. De plus, elle affirme à juste titre que le statut de la formation maritime doit être déterminé sur la base de sa capacité naturelle

---

[1] PCA, *South China Sea Arbitration award (Phil. v. China),* award of 12 July 2016, Case No. 2013-19, p.204, § 475.
[2] *Ibid*, p.205, § 478.
[3] *Ibid*, p.208, § 489.
[4] *Ibid*, § 491.
[5] *Ibid*, pp.211-212, §§ 498-500.
[6] *Ibid*, p.212, §§ 502-503.

à soutenir une habitation humaine ou une vie économique propre, et ce sans ajouts ou modifications externes destinés à accroitre une telle capacité[1].

Ainsi, dans l'arbitrage de la *Mer de Chine méridionale*, la Cour a pu apporter des clarifications importantes sur l'article 121 (3) de la Convention de Montego Bay. Elle reconnaît tout de même que quelques doutes subsistent, en ce qui concerne par exemple le seuil qui sépare l'habitation humaine de la simple présence prolongée d'individus ou encore la distinction entre l'« activité économique » et une « vie économique »[2].

Dans le cas des PEI, le territoire devient inhabitable de façon progressive, et non soudaine. Déterminer le moment à partir duquel leur territoire passe du statut d'île à celui de rochers est une question cruciale. Les incertitudes subsistant autour de l'article 121 (3), et ce malgré les clarifications de la Cour permanente d'arbitrage, ne facilitent pas cette tâche. Néanmoins, elles peuvent s'avérer favorables pour les PEIs car elles autorisent une lecture plus souple de cet article. Éventuellement, elles peuvent également offrir aux PEI une marge de manœuvre visant à éviter que leurs îles ne soient déclassées en rochers. Dans cette logique, Tessie Lambourne, Secrétaire des affaires étrangères des Kiribati, affirmait lors d'une interview en 2011 que « If we maintain our islands, get some people to live there, (…) we'll still be able to remain a state »[3]. Seule une interprétation souple de cet article pourrait autoriser le déploiement de telles stratégies.

En somme, contrairement au statut du territoire submergé, le droit international de la mer n'apporte pas de réponse claire au statut juridique du territoire rendu inhabitable, dont l'équivalent se trouve pourtant à l'article 121(3) de la Convention de Montego Bay. À cela s'ajoutent les incertitudes existant autour

---

[1] *Ibid*, p.227, § 541.

[2] *Ibid*, p.213, §. 505. Elle précise cependant plus tard dans le raisonnement que « Such a community need not necessarily be large, and *in remote atolls* a few individuals or family groups could well suffice » (p.227, § 542, nous soulignons).

[3] CARRICK, D., « Climate change: The Pacific », *Law Report, ABC Radio National*, 22 November 2011.

de la notion de « rochers qui ne se prêtent pas à l'habitation humaine ou à une vie économique propre ».

Ainsi, les règles de droit international général, et de droit international de la mer, souffrent de plusieurs ambiguïtés. Ces dernières ne permettent pas de déterminer avec certitude les conséquences des effets du changement climatique sur la qualité étatique des PEI. Un constat contraire peut cependant être fait en ce qui concerne les règles encadrant le critère de la population de l'État.

2. L'État insulaire : une communauté humaine organisée

Au-delà d'être une entité territoriale, l'État insulaire est également un groupement d'individus. La population constitue en effet un élément constitutif essentiel de l'État, si ce n'est le plus important comme le relevait Budislav Vukas. Celui-ci affirmait à ce propos que « Although in reality too often neglected (…), the population should be the most important element of the State »[1].

Pourtant, les écrits sur la situation des PEI sont majoritairement centrés sur la question de la disparition du territoire de l'État, reléguant au second plan celui de la population. Comme l'affirmait James Crawford, « Changes in population are concomitant of territorial changes »[2]. Cette affirmation se confirme ici puisqu'avec le changement climatique, les bouleversements subis par le territoire des PEI ont des répercussions sur les populations insulaires. En effet, c'est par un « effet boule de neige » que la question de la population se pose: dans l'hypothèse où leur territoire devient submergé ou inhabitable, les populations insulaires seront obligées de migrer. Ces migrations sont complexes puisqu'elles peuvent prendre deux formes. Elles peuvent être internes, ce qui entraine la relocalisation de la population déplacée d'îles en îles, ou de régions en régions, appartenant au même État

---

[1] VUKAS, B., « States, Peoples and Minorities », *RCADI*, 1991, vol. 231, p 283.

[2] CRAWFORD, J., *op. cit.*, p. 678.

insulaire. C'est ce qui s'est par exemple passé aux Maldives en 2004, lorsque les habitants de l'île de Kandholhudoo ont dû être relogés sur une île voisine après le tsunami de 2004[1], ou encore en 2007 lorsque du fait de nombreuses marées hautes, d'érosion côtière et de conditions de vie rendues difficiles, des habitants de l'île de Carteret en Papouasie-Nouvelle-Guinée ont commencé à être déplacés vers l'île de Bougainville appartenant au même État[2]. Ces migrations peuvent également être internationales et elles impliquent dans cette hypothèse le déplacement des populations insulaires de leur État respectif vers des États tiers.

Cette étude se concentrera sur les migrations transfrontières. Contrairement aux migrations internes qui impliquent des déplacements infra étatiques (probablement d'îles en îles ou de régions en régions pour les PEI), les migrations transfrontières impliquent le déplacement des populations vers des États tiers. Elles questionnent ainsi la survivance des PEI face à la dépopulation progressive de l'État. La question se pose de savoir si les PEI peuvent survivre aux migrations transfrontières d'une partie ou de la totalité de leur population. L'État ne perd-il pas alors l'un de ses éléments constitutifs essentiels qu'est la population ?

L'analyse des règles de droit international et de la pratique en la matière montre d'abord que la migration transfrontière des populations insulaires met considérablement en danger le statut étatique des PEI. Les conséquences de cette migration[3] transfrontière sur ce statut peuvent être déterminées par une analyse du critère de la population de l'État.

La population de l'État est un élément constitutif qui admet une certaine flexibilité, ce qui devrait être favorable pour les PEI exposés aux migrations transfrontières. Cette flexibilité transparaît à deux niveaux.

---

[1] TOOMEY, C., « The Maldives: Trouble in Paradise », *The Sunday Times*, 1 February 2009.

[2] STEWART, J., « Rising Seas Force Carteret Islanders Out of Home », *Lateline*, Australian Broadcasting Corporation, 5 February 2007.

[3] L'utilisation du terme « migration » est plus appropriée que celle de « disparition de la population » ou de « perte » par l'État de sa population.

Tout d'abord, la population renvoie en droit international à la masse des individus rattachés de façon stable à l'État par un lien juridique qui est la nationalité[1]. Aucune homogénéité objective n'est requise en droit international, et c'est là le premier signe de flexibilité. En effet, le droit international ne fixe pas d'exigences quant à la nature de la population ; cette dernière peut notamment être très diversifiée sur le plan ethnique. Ainsi un État peut englober plusieurs « nations »[2], et être hétérogène sur le plan ethnique ou linguistique[3]. En atteste l'existence d'États dits multinationaux, tels que la Russie, la Bolivie ou encore le Royaume-Uni. Comme le relève Denis Alland, « Du point de vue du droit international public, la seule chose qui importe est que tous les membres de la collectivité étatique soient rattachables au-delà des disparités internes à un même ensemble étatique par le biais d'une nationalité commune »[4].

Ensuite, à l'image du territoire de l'État, aucune quantité minimale n'est requise pour cette population. En effet, le droit international est indifférent à l'égard du nombre d'individus composant un État. C'est ce qui explique l'existence de « micro-États », dont fait partie la majorité des PEI. Par exemple, en 2021, Nauru et Tuvalu comptaient approximativement 10 834 et 11 792 habitants[5]. Le statut étatique des micro-États, et leur capacité à maintenir un tel statut, a pu être contesté, notamment lors de leur accession en tant que membres à la Société des Nations et à l'Organisation des Nations Unies. Mais ce n'est pas tant leur démographie qui semblait poser problème. D'autres considérations, comme l'indépendance, le développement économique et leur capacité à honorer les obligations découlant des textes constitutifs de ces deux organisations sont en effet entrées en jeu. Ainsi, en droit

---

[1] FORTEAU, M., MIRON, A., PELLET, A., p. 451. Cependant, selon une acception large, des étrangers vivant durablement sur le territoire de l'État seraient constitutives de la population (voir ALLAND, D., *Manuel de Droit international public*, PUF, 8ème éd. Mise à jour, Paris, 2021, p.39).

[2] *Ibid*, p.452.

[3] RIVIER, R., *Droit international public*, PUF, 3ème éd., Paris, 2017, p. 241.

[4] ALLAND, D., *op. cit.*, p.39.

[5] Voir le site de la Banque mondiale.

international, une population trop faible n'est pas rédhibitoire, ni à la constitution de l'État, ni pour sa continuité. Comme le précise Budislav Vukas « (…) even a considerable diminution of the population (…) does not *per se* affect the existence of a State »[1].

Appliqué aux PEI, ce raisonnement pourrait mener à la conclusion que la migration massive des populations insulaires n'a aucune conséquence sur leur statut étatique. Cependant, il s'agit là d'une affirmation hâtive. En effet, tout comme le territoire, il existe une incertitude sur la norme quantitative minimale requise pour la population étatique. C'est ce qui explique les tentatives doctrinales pour fixer cette limite minimale. Par exemple, Jenny Grote Stoutenburg se base sur le territoire insulaire du Pacifique de Pitcairn, le plus petit territoire non autonome reconnu par l'ONU, pour fixer une norme minimale[2]. Pitcairn abrite approximativement 50 habitants et l'Assemblée générale des Nations Unies a reconnu le droit des habitants de Pitcairn à devenir un État souverain dans l'exercice de leur droit à l'autodétermination[3]. Ainsi, selon cet auteur, « (…) the number of 50 people is the smallest number to have been internationally recognized as forming a potential state population »[4]. Pour appuyer ses propos, l'auteur cite également John Van Dyke et Robert Brooks qui soutiennent qu'une population d'environ 50 habitants est nécessaire pour distinguer les îles au sens de l'article 121 (1) de la Convention de Montego Bay des rochers inhabitables au sens de l'article 121 (3)[5]. Toutefois, cette analogie est imparfaite puisqu'elle se réfère à un cas de création d'État, et non de continuité qui concerne les PEI[6]. Par ailleurs, il faut relever qu'en dehors d'une pratique conséquente ou d'un standard international qui

---

[1] VUKAS, B., *op. cit.*, p284.

[2] STOUTENBURG, J. G., *op. cit.*, pp 269-270.

[3] *Ibid*, p.269. Voir Assemblée générale, Res. 2869 (XXVI), 20 décembre 1971, 2028 séance plénière, U.N. Doc. A/RES/2869.

[4] *Ibid*

[5] BROOKS, R. A., VAN DYKE, J. M., « Uninhabited Islands: Their Impact on the Ownership of the Oceans' Resources », *Ocean Development and International Law Journal*, 1983, vol.12, p. 286 cité par STOUTENBURG, J. G., op. cit., p.270.

[6] STOUTENBURG, J. G., *op. cit.*, p.270.

serait par exemple défini par une juridiction internationale ou précisé dans une convention, toute tentative de fixer une norme minimale reste forcément approximative, hypothétique et arbitraire.

Cette incertitude place les PEI dans une insécurité juridique. Leur statut étatique sera-t-il contesté lorsque les migrations transfrontières seront telles que leur population sera réduite à 100 habitants, voire moins? La question de la « dépopulation »[1] des PEI est d'autant plus importante que la majorité de ces États reposent sur une démographie qui est déjà faible.

La flexibilité du critère de la population de l'État devrait constituer un paramètre favorable pour les PEI : une démographie faible, et une réduction de celle-ci, ne remettrait pas en cause leur statut étatique. Cependant, l'incertitude liée aux proportions de cette population complexifie ce problème . Dès lors, toute conclusion sur les conséquences des migrations transfrontières sur le statut étatique des PEI est hypothétique. Ce n'est qu'en combinant cette analyse, avec celle de l'exigence en droit international d'une population permanente, que ces migrations apparaissent comme un véritable danger pour la survivance des PEI.

Le droit international n'exige aucune proportion minimale pour la population de l'État. Néanmoins, certaines exigences sont attachées à l'existence de la population. Parmi celles-ci figure sa permanence.

En effet, l'article 1 de la Convention de Montevideo sur les droits et devoirs des États exige l'existence d'une « population permanente »[2]. La permanence de la population ne se rattache pas au lien de nationalité, mais plutôt à la présence physique des habitants sur le territoire étatique. Par exemple, plusieurs dictionnaires juridiques définissent la population comme un « groupement d'individus *fixés* sur un territoire déterminé

---

[1], PARK S., « Climate Change and the Risk of Statelessness: The Situation of Low-Lying Island States », Legal and protection policy research series, United Nations High Commissioner for Refugees, May 2011, Doc. PPLA/2011/04, p.9.

[2] Convention concernant les droits et devoirs des États, adoptée par la septième Conférence internationale américaine, signée à Montevideo le 26 décembre 1933, Société des Nations, *Recueil des Traités*, p.36.

(…) »[1] ou « (…) tout ensemble d'individus, quelle que soit sa cohésion, *établies* sur un territoire donné »[2]. La majorité des auteurs partage aussi cette interprétation. Ainsi, pour James Crawford, « This criterion is intended to be used in association with that of territory, and connotes a stable community »[3] et que « The criterion under discussion requires States to have a permanent population: it is not a rule relating to the nationality of that population »[4]. Comme le résume bien Jenny Grote Stoutenburg, « a population without a territory is inconceivable »[5].

Pourtant, cette interprétation ne fait pas l'unanimité. En effet, certains auteurs ne dessinent aucun parallèle entre la permanence de la population et sa présence sur le territoire. Pour Denis Alland par exemple, « (…) il n'est exigé de cette population qu'elle soit fixée à un endroit unique et déterminé »[6]. Alexander Orakhelashvili conteste également cette interprétation en précisant que « Permanent population refers to the State permanently having population, not necessarily to that population consisting of those who reside permanently within the State's territory. What is required is the existence of a permanent population of individuals who owe allegiance and obedience to that State (…) »[7]. Ainsi, il semble que pour cet auteur, la permanence de la population se rattache avant tout au lien de nationalité. Cette contre-interprétation est acceptable dans la mesure où dans l'histoire de l'Europe et d'ailleurs, de nombreux États ont dû s'accommoder des migrations de masse sans pour autant perdre leur statut étatique.

---

[1] G. CORNU (dir.), *Vocabulaire juridique*, Paris, PUF, Quadrige, 2020, 13ème éd. mise à jour, p. 422. Nous soulignons.

[2] SALMON, J. (dir.), *Dictionnaire de droit international public*, Bruylant, 2001, p.848. Nous soulignons.

[3] CRAWFORD, J., *Brownlie's principes of public international law*, Oxford University Press, 9th edition, Oxford, 2019, p.117.

[4] CRAWFORD, J., *The Creation of States in International Law*, Oxford University Press, 2nd edition, Oxford, 2006, p.52.

[5] STOUTENBURG, J. G., *op. cit.*, p.268.

[6] ALLAND, D., *Manuel de Droit international public*, PUF, 8ème éd. Mise à jour, Paris, 2021, p.38.

[7] ORAKHELASHVILI, A., *Akehurst's Modern Introduction to International Law*, London New York, Routledge, 2018, 8th edition, p.75.

De plus, plus récemment encore, la pratique montre que d'importantes populations existent en dehors du territoire étatique, constituant ainsi des diasporas. En atteste l'exemple emblématique de la diaspora juive. Dans certains PEI également, une majeure partie de la population vit en dehors du territoire, notamment pour des raisons économiques. C'est le cas par exemple au Tonga où 46 % de la population est émigrée, et également aux Samoa où ce pourcentage est proche de 56%[1]. Pour autant, la qualité de ces États n'a pas été remise en cause, et leurs ressortissants font également partie intégrante de la population.

Malgré la pratique précitée, la première interprétation semble prévaloir. En effet, comme le relevait Manley Ottmer Hudson lors de débats tenus par la Commission du droit international le 22 avril 1949 sur le contenu du Projet de déclaration sur les droits et devoirs des États, « (...) the term 'permanent population' (...) had been inserted in order to differentiate between established or fixed populations and nomadic ones »[2]. Les peuples nomades ne constituent donc pas une population permanente. Par conséquent, la condition de la permanence est bien liée à la présence de la population sur le territoire. La présence d'individus sur le territoire est requise pour que le critère de la population soit caractérisé en droit international. Une telle interprétation peut également être déduite de la définition de l'État retenue par le tribunal arbitral mixte germano-polonais dans l'affaire de la *Deutsche Continental Gas-Gesellschaft* de 1929 : « (...) un État n'existe qu'à la condition de posséder un territoire, une *collectivité d'hommes habitant ce territoire*, une puissance publique s'exerçant sur cette collectivité et ce territoire ». La référence à une « collectivité d'hommes habitant ce territoire »[3] témoigne

[1] STAHL, C.W., APPLEYARD, R., *Migration and Development in the Pacific Islands: Lessons from the New Zealand Experience*, Australian Agency for International Development, 2007.

[2] *UN Yearbook of the International Law Commission*, 1949, p.68, par. 63, A/CN.4/SR.8.

[3] Tribunal arbitral mixte germano-polonais, *Deutsche Continental Gas-Gesellschaft c. État polonais*, sentence du 1er aout 1929, *Recueil des Tribunaux arbitraux mixtes*, vol. IX, p. 346.

de la nécessaire présence de la population sur le territoire étatique.

Pour les PEI, cela signifie donc que les migrations transfrontières de la population mettent bien en danger leur statut étatique. Si tous les résidents d'un PEI quittent le territoire, la condition de permanence de la population n'est plus remplie, ce critère n'est plus caractérisé, ce qui permettrait de contester leur statut étatique. C'est ce qu'a pu relever Krystyna Marek, de manière toutefois très hâtive, en affirmant que « (…) a State would cease to exist if for instance the whole of its population were to (…) emigrate (…) »[1]. Cependant, il est difficile de tirer une telle conclusion lorsque non pas la totalité, mais la majorité de la population insulaire quitte le territoire. Resurgit alors l'incertitude liée au standard minimal de la population étatique.

De plus, le droit international ne semble pas tolérer la simple présence « formelle »[2] d'une population sur un territoire. En effet, certains attributs nécessaires à la population peuvent être tirés de l'exigence de permanence. Ces derniers ont pu être définis par le tribunal administratif de Cologne dans un jugement de 1978 relatif à la « Principauté de Sealand ». Cette dernière est une entité établie sur une ancienne plateforme maritime érigée par le Royaume-Uni lors de la seconde guerre mondiale. Certains individus ont prétendu avoir créé un nouvel État souverain sur cette plateforme. Le demandeur avait introduit une action selon laquelle en faisant partie des 106 citoyens de la Principauté, il avait perdu de fait la citoyenneté allemande. Dans ce jugement, le tribunal a dû déterminer si la Principauté constituait un État au sens du droit international. Il a ainsi pu apporter des précisions sur les notions de territoire et de population. Concernant la population, le tribunal a notamment pu préciser que la Principauté comptait 106 habitants et qu'en droit international, la taille de la population n'a aucune incidence sur la qualité étatique d'une entité[3]. Néanmoins, il a

---

[1] MEREK, K., *Identity and Continuity of States in Public International Law*, Genève, Librairie Droz, 1968, 2ème edition, p.7.

[2] STOUTENBURG, J. G., *op. cit.*, p. 271.

[3] Administrative Court of Cologne (Verwaltungsgericht K.ln), Judgment of 3 May 1978, Case No. 9 K 2565/77, p.685.

estimé que la Principauté était dépourvue d'une population dans la mesure où ces habitants « do not satisfy these criteria for community life »[1]. En effet, selon le tribunal,

> « The State, as an amalgamation of many individuals (…) consists of only a few members and has the duty to promote community life. This duty does not merely consist of the promotion of a loose association aimed at the furtherance of common hobbies and interests. Rather it must be aimed at the maintenance of an essentially permanent form of communal life in the sense of sharing a common destiny »[2]

En d'autres termes, la présence de la population sur le territoire ne doit pas être uniquement formelle. Elle doit plutôt s'accompagner d'une organisation sociale fondée sur une vie en commun. Concrètement, cela implique par exemple que la population puisse satisfaire ses besoins vitaux sur le territoire, s'alimenter, s'éduquer, se soigner etc. La poursuite de simples intérêts commerciaux ne rentre pas dans le cadre de cette infrastructure sociale. Or selon le tribunal, « Apart from the 30 to 40 persons permanently living on the platform, who are responsible for its defence and the maintenance of its installations, the presence of the other so-called 'nationals' is limited to occasional visits »[3]. De ce constat, le tribunal conclut que la Principauté ne dispose pas d'une population permanente, et ne constitue donc pas un État au sens du droit international.

Pour les PEI, ces dernières précisions prennent tout leur sens devant le projet exprimé en 2009 par l'ancien Président des Kiribati, Anote Tong, d'établir « a small government outpost on the State's only high ground, Banaba Island, so as to retain the State and its control over resources »[4]. Cette proposition vise vraisemblablement à assurer la survivance du statut étatique du Kiribati. Il propose de maintenir la présence de certains

---

[1] *Ibid*

[2] *Ibid*

[3] *Ibid*

[4] MCADAM, J., « Disappearing States, Statelessness and the Boundaries of International Law », in MCADAM, J. (ed), *Climate Change and Displacement: Multidisciplinary Perspectives,* Oxford, Hart Publishing, 2010, p.126. Il s'agit là d'un interview mené par l'auteur le 12 mai 2009 avec Anote Tong.

habitants, et notamment de fonctionnaires, sur le territoire. Il est clair que cette proposition est contraire aux attributs susmentionnés. La présence de ces individus ne serait que purement formelle et symbolique.

Les migrations transfrontières des populations insulaires mettent donc en danger le statut étatique des PEI. Bien que la flexibilité du critère de la population leur soit favorable, certaines incertitudes subsistent en ce qui concerne sa proportion minimale. L'exigence de permanence attachée à la population permet également de conclure avec certitude que ces migrations pourront, sur le moyen ou long terme, entrainer l'extinction du statut étatique. Mais au-delà des conséquences sur les PEI, ces migrations interrogent aussi le sort des populations insulaires.

En effet, la migration transfrontière des populations insulaires n'a pas uniquement des répercussions sur le statut étatique des PEI. Cette migration questionne par ailleurs le sort de ces populations face à leurs propres migrations. Elle place les populations insulaires dans une situation de vulnérabilité. En particulier, elle les expose à un risque d'apatridie *de jure*, mais également à un risque d'apatridie *de facto*.

Il existe en effet un lien étroit entre l'apatridie et les migrations. L'apatridie peut être une conséquence des migrations internationales : ces migrations contribuent à la création et à la prolongation des cas d'apatridie[1]. Cela se confirme dans le cas des PEI et de leur population.

En mettant en danger le statut étatique des PEI, les migrations transfrontières placent potentiellement les populations insulaires dans une situation d'apatridie. Dire que l'extinction d'un État débouche sur l'apatridie de sa population semble être une affirmation évidente. Pourtant, elle a été contestée par certains auteurs pour qui, les populations insulaires ne deviennent pas *ipso facto* apatrides après la disparition des PEI. C'est par exemple ce que soutiennent

[1] CHOLEWINSKI, R., NONNEMACHER, S., « The nexus between statelessness and migration », p.246, in EDWARD, A., VAN WAAS, L., (ed), *Nationality and Statelessness under International Law*, Cambridge University Press, 2014, 326 p.

Walter Kälin et Jane McAdam. En effet, selon Walter Kälin « Statelessness (…) means being without a nationality, not without a state »[1]. Il soutient également que « (…) the notion of 'statelessness' in international law is premised on the denial of nationality through the operation of the law of a particular State, rather than through the disappearance of a State altogether »[2]. C'est ce que relève également Jane McAdam car selon elle, « Even when a state becomes extinct (…), the resultant legal status of the population (…) is unclear »[3], et que les individus dont l'État de nationalité disparaît ne peuvent pas être qualifiés d'apatrides[4].

Cet argument s'explique par une interprétation restrictive de la notion d'apatridie. En effet, il s'agit un concept encadré par le droit international. Sa définition est prévue à l'article 1 de la Convention de 1954 relative au statut des apatrides, qui, selon la Commission du droit international, revêt un caractère coutumier[5]. Selon cet article, un apatride est « une personne qu'aucun État ne considère comme son ressortissant par application de sa législation ». En droit international, il est admis que les questions relatives au lien de nationalité font partie du domaine réservé de l'État[6]. De ce fait, les causes de l'apatridie sont diverses et peuvent varier selon les législations nationales. Mais généralement, l'apatridie naît de la déchéance de la nationalité décidée par un État ou la renonciation par

---

[1] KALIN, W., « Conceptualising Climate-Induced Displacement », p. 101, in MCADAM, J. (ed), *Climate Change and Displacement: Multidisciplinary Perspectives,* Oxford, Hart Publishing, 2010.
[2] *Ibid*
[3] MCADAM, J., « 'Disappearing States', Statelessness and the Boundaries of International Law », in MCADAM, J. (ed), *op.cit.*, p.118.
[4] *Ibid*, p.120.
[5] Report of the International Law Commission, UN GAOR, 58th session, Supp No 10, UN Doc A/61/10 (1 May 2006), pp.48-49.
[6] CRAWFORD, J., *Brownlie's principes of public international law*, op.cit., p.495.

l'acte d'un individu[1]. Ces deux catégories englobent elles-mêmes plusieurs situations[2].

C'est ainsi que pour Walter Kalin et Jan McAdam, l'extinction d'un État, à fortiori par les effets du changement climatique, ne constitue pas une cause formelle d'apatridie. Pourtant, il est logique que l'extinction d'un État débouche sur l'apatridie de sa population. Lorsque l'État n'existe plus, le lien de nationalité entre cet État et sa population s'éteint, et il en résulte une situation d'apatridie. Il s'agit là d'une conclusion majoritairement admise par les auteurs[3], mais également soutenue par certains organes spécialisés comme le Haut-Commissariat des Nations Unies pour les Réfugiés[4].

Pour confirmer ce raisonnement, un parallèle peut être fait avec les cas de dissolutions d'États. Dans ces situations, et en l'absence d'accord contraire, les personnes résidant habituellement sur le territoire de l'État successeur perdent leur ancienne nationalité et acquièrent automatiquement celle de cet État[5]. La comparaison avec les PEI est imparfaite dans la mesure où cette pratique est relative aux successions d'États. Tout de même, il ressort de cette pratique que le lien de nationalité s'éteint avec la disparition de l'État prédécesseur. Et comme le relève Daniel Patrick O'Connell, « (…) any persons

---

[1] Voir WEIS, P., *Nationality and Statelessness in International Law*, The Hague, Alpha aan den Rijn: Sijthoff and Noordhoff International Publishers, 1979, 2nd ed. Rev., pp.115-116.

[2] Voir par exemple les situations mentionnées dans la Convention de 1961 sur la réduction des cas d'apatridie.

[3] Voir à ce propos DOBRIC, M., « Rising Statelessness Due to Disappearing Island States », *The Statelessness and Citizenship Review*, vol. 1, issue 1, 2019, p. 52; EDWARD, A., VAN WAAS, L., (ed), *op.cit*., p. 5; PARK, S., « Climate Change and the Risk of Statelessness: The Situation of Low-Lying Island States », *Legal and protection policy research series*, United Nations High Commissioner for Refugees, May 2011, Doc. PPLA/2011/04, pp.4-7.

[4] Voir par exemple Expert Meeting on the Concept of Stateless Person under International Law (Summary Conclusions, UNHCR, 28 May 2010); UNHCR supported by the International Organization for Migration and the Norwegian Refugee Council, « Climate Change and Statelessness: An Overview », Submission to the 6th Session of the Ad Hoc Working Group on Long-Term Cooperative Action, (AWG-LCA 6) under the UN Framework Convention on Climate Change (UNFCCC), 1-12 June 2009.

[5] CRAWFORD, J., *The Creation of States in International Law*, op.cit., p.53.

become stateless as a result of a change of sovereignty (...) »[1], le changement de souveraineté en question pouvant se manifester par la succession, mais également par la simple extinction de l'État. C'est ainsi qu' historiquement, les dissolutions d'États ont été à l'origine d'une apatridie de masse. La dissolution de l'Autriche-Hongrie en 1918 a débouché sur l'un des plus grands groupes d'apatrides, les « Heimatlosen ». Dans les années 1950 et 1960, le processus de décolonisation et la désintégration de certains États fédéraux ont également entraîné l'apparition de millions d'apatrides dans le monde[2].

À l'image de la dissolution des États, ces exemples montrent donc que l'extinction pure et simple d'un État transforme le statut de sa population : ces individus passent ainsi du statut de citoyens[3] de cet État à celui d'apatrides. Dans le cas de la dissolution, l'article 4 du projet de la CDI sur la succession d'États en matière de nationalité dispose que les États concernés doivent prendre les mesures nécessaires pour empêcher que les personnes qui possédaient la nationalité de l'État prédécesseur ne deviennent apatrides[4]. En plus de confirmer que l'apatridie de la population découle bien de l'extinction de l'État, le projet témoigne de la nécessité d'une coordination entre les États pour prévenir l'apatridie. En cas de succession, c'est souvent par le biais d'accords entre l'État prédécesseur et l'État successeur qu'une nouvelle nationalité est octroyée aux anciens citoyens[5]. À défaut d'un accord, une telle succession n'est pas évidente dans le cas des PEI, dans la mesure où ils ne seront succédés par aucun État sur leur territoire.

Ainsi, l'extinction éventuelle des PEI, du fait en partie des migrations transfrontières, risque de placer les populations

---

[1] O'CONNELL, D. P., *State Succession in Municipal Law and International Law*, Cambridge University Press, 1967, vol. 1, p.497. Cité par CRAWFORD, J., *The Creation of States in International Law, op. cit.*, p. 53.
[2] *Ibid*
[3] La citoyenneté et la nationalité sont utilisés ici comme synonymes.
[4] CDI, Projet d'articles sur la nationalité des personnes physiques en relation avec la succession d'États et commentaires y relatifs, 1999, *Annuaire de la Commission du droit international*, vol. II(2), p.28, art. 4.
[5] CRAWFORD, J., *The Creation of States in International Law*, op.cit., p.53

insulaires dans une situation d'apatridie. Celles-ci deviennent plus précisément des apatrides *de jure*.

L'apatridie *de jure* renvoie à l'hypothèse où le lien de nationalité existant entre un État et un individu est effectivement éteint. C'est cette hypothèse qui est prévue par l'article 1 de la Convention de 1954 sur le statut des apatrides. En devenant des apatrides *de jure*, les populations insulaires pourront bénéficier du régime établi par cette convention et des garanties en matière de droits de l'homme qu'elle apporte[1]. Par exemple, celle-ci prévoit que les États d'accueil des apatrides ont l'obligation d'accorder un certain nombre de droits tel que la liberté de circulation, l'accès aux tribunaux, le droit au travail, le droit au logement, et selon l'article 32, ils doivent également « faciliter l'assimilation et la naturalisation des apatrides »[2]. La seule limite à cette protection tient à la faible ratification de la Convention ; en 2022, elle compte en effet 96 États parties. Parmi ces parties ne figurent aucun des États susceptibles d'accueillir les populations insulaires en raison soit de liens historiques, ou d'une proximité géographique avec les PEI[3]. Par exemple, la Nouvelle-Zélande, l'Indonésie, les États-Unis ou la Papouasie Nouvelle-Guinée n'ont pas ratifié la convention.

À côté de l'apatridie *de* jure, il existe également le phénomène de l'apatridie *de facto*. Face aux migrations transfrontières, les populations insulaires pourraient également faire face à cette autre forme d'apatridie.

Concernant le sort des populations insulaires, Michel Rouleau-Dick affirme que « (…) the fate of the State of origin is the key to the determination of the legal status that the displaced population may uphold »[4]. En réalité, que le statut

---

[1] Voir DOBRIC, M., « Rising Statelessness Due to Disappearing Island States », *The Statelessness and Citizenship Review*, vol. 1, issue 1, 2019, pp.58-59.

[2] Convention relative au statut des apatrides, adoptée le 28 septembre 1954, entrée en vigueur le 6 juin 1960, Nations Unies, *Recueil des Traités*, vol. 360, art. 32.

[3] *Ibid*, p.60.

[4] ROULEAU-DICK, M., « Sea level rise and climate statelessness: from 'too little, too late' to context-based relevance », Stateless and Citizenship Review, vol. 3, issue 2, 2021, p.297.

étatique des PEI soit ou non mis en danger, les populations insulaires courent le risque de devenir apatrides. Si un tel statut fait défaut, leurs populations risquent d'apatridie *de jure*. Mais indépendamment de l'extinction des PEI, les populations insulaires peuvent également être placées dans une situation d'apatridie *de facto*.

L'apatridie *de facto* est l'hypothèse où un individu conserve le lien de nationalité avec son État d'origine, mais celui-ci est ineffectif. Contrairement à l'apatridie *de jure* définie à l'article 1 de la Convention de 1954 sur le statut des apatrides, il n'existe pas de définition internationale ou de régime conventionnel consacré à l'apatridie *de facto*. Néanmoins, le Haut-Commissariat des Nations Unies a longuement travaillé sur cette hypothèse. Un document d'information qu'il a publié définit les apatrides *de facto* ainsi: « persons outside the country of their nationality who are unable, or for valid reasons, are unwilling to avail themselves of the protection of that country »[1]. De plus, selon le Haut-Commissariat, « Persons who are *de facto* stateless often have a nationality according to the law, but this nationality is not effective or they cannot prove or verify their nationality »[2]. Une définition similaire a été proposée dans le contexte européen. En effet, en décembre 2009, le Comité des ministres du Conseil de l'Europe a adopté une recommandation sur la nationalité des enfants. Dans le principe 7 de cette recommandation, il est précisé que « L'apatridie *de facto* implique qu'un individu possède théoriquement une nationalité donnée, mais (...) la personne impliquée ne pourra pas bénéficier de la protection de cet État »[3]. Par exemple, la situation des citoyens allemands fuyant le régime nazi pendant la seconde guerre mondiale a pu être qualifiée d'apatridie *de facto*. En effet, bien que ces émigrants avaient maintenu le lien de nationalité avec l'Allemagne, ils ne pouvaient pas se prévaloir des droits et de

---

[1] MASSEY, H., « UNHCR and *De Facto* Statelessness», *UNHCR Legal and Protection Policy Research Series*, Geneva, April 2010, LPPR/2010/01, p. 61.
[2] *Ibid*, p.27.
[3] Conseil de l'Europe, : Comité des Ministres, Recommandation CM/Rec(2009)13 et mémorandum explicatif du Comité des Ministres aux Etats membres sur la nationalité des enfants, 9 mai 2009, CM/Rec(2009)13, p.21. Cité par MASSEY, H., *op. cit*, p.29.

l'assistance étatique découlant de ce lien[1]. Cependant, dans cet exemple, l'ineffectivité du lien de nationalité relève entièrement de la volonté de l'État, ce qui ne sera pas le cas avec les PEI.

Ainsi, l'apatridie *de facto* et l'apatridie *de jure* présentent une différence juridique majeure en raison de l'existence du lien de nationalité dans la première hypothèse. Néanmoins, elles présentent aussi des similitudes factuelles en ce que dans les deux cas, l'individu ne bénéficie pas de la protection étatique et des droits qui sont rattachés au lien de nationalité. Pour l'apatride *de facto*, le lien de nationalité devient un lien juridique purement formel, ce qui va à l'encontre du critère d'effectivité qui est rattaché à la nationalité. En effet, comme l'a précisé la CIJ dans la jurisprudence *Nottebohm* de 1955, la nationalité des personnes physiques doit être réelle et effective et non pas fictive. En plus d'être « un fait social de rattachement »[2] qui témoigne de l'appartenance d'un individu à un État, elle est également fondée sur « une réciprocité de droits et de devoirs »[3]. Le lien de nationalité confère aux individus plusieurs droits et garanties apportées par l'État. Parmi celles-ci figurent par exemple l'assistance consulaire, les droits de participation politique, de libre circulation, ainsi qu'une large gamme de droits économiques, sociaux et culturels[4].

Les principes prononcés par la CIJ dans cet arrêt restent pertinents pour la situation des PEI. Face aux divers bouleversements touchant ces États, ces derniers rencontreront probablement des difficultés pour assurer une majeure partie de leurs obligations et une protection à l'égard de leur population. En effet, face à certaines contraintes pratiques, l'exercice de leurs compétences territoriale et personnelle, qui est fortement lié aux critères du territoire et de la population permanente, seront ébranlés. Concrètement, à part l'exercice d'une protection diplomatique et consulaire, les PEI pourraient

---

[1] COLANÉRI, A., *De la condition des « sans-patrie » : étude Critique de l'heimatlosat*, Paris, Librairie générale de Droit et de jurisprudence (L.G.D.J.), 1932, p. 32.

[2] CIJ, *Affaire Nottebohm (Liechtenstein c. Guatemala)*, deuxième phase, arrêt du 6 avril 1955, *Rec. 1955*, p. 23.

[3] *Ibid*

[4] DOBRIC, M., *op. cit.*, p.47.

rencontrer des difficultés pour garantir les droits ou les services les plus élémentaires à leur population, et pourraient manquer de capacité pour faire appliquer leurs lois[1]. Dès lors, les populations insulaires risquent de se trouver en grande partie dans une situation qui soit similaire, sinon identique, à celle qui prévaudrait en cas d'extinction des PEI[2]. Le lien de nationalité serait affaibli et rendu ineffectif, et les populations insulaires pourraient être qualifiées d'apatrides *de facto*.

Du fait de la similarité factuelle existant entre l'apatridie *de facto* et *de jure*, plusieurs propositions ont été faites pour assurer aux apatrides *de facto* un traitement identique à celui réservé aux apatrides *de jure*. C'est ainsi que l'Acte final de la Conférence des Nations Unies sur la réduction ou l'élimination des cas d'apatridie prévoit que « (…) les personnes qui sont *de facto* apatrides doivent dans la mesure du possible être reconnues comme des apatrides *de jure* afin de leur permettre d'acquérir une nationalité effective »[3]. Bien qu'il ne s'agisse là que d'une simple recommandation, cette proposition reste critiquable. Bien que les apatrides *de facto* se trouvent dans une situation délicate, il convient cependant de ne pas minimiser la persistance du lien de nationalité. Le statut juridique des apatrides *de facto* et *de jure* est fondamentalement différent, ce qui nécessiterait qu'ils soient soumis à des régimes différents. La solution serait alors d'amender la Convention de 1954 sur le statut des apatrides, afin d'y inclure une définition de l'apatridie *de facto* et un régime qui lui serait spécifique. Mais pour l'heure, les apatrides *de facto* se retrouvent dans un « vide juridique »[4]. En effet, bien qu'ils se trouvent dans une situation précaire, ils sont exclus de la protection offerte par la Convention de 1954. Ils pourront néanmoins bénéficier des normes coutumières et principes généraux du droit international des droits de l'homme, tels que l'interdiction de la

---

[1] PARK S., *op. cit.*, p. 13.

[2] UNHCR supported by the International Organization for Migration and the Norwegian Refugee Council, *op. cit.*, p.2.

[3] Acte final de la Conférence des Nations unies sur l'élimination ou la réduction des cas futurs d'apatridie, ouvert à la signature le 4 décembre 1954, entré en vigueur le 30 août 1961, *Recueil des Traités,* vol. 989, p. 250.

[4] ROULEAU-DICK, M., *op. cit.*, p. 302.

discrimination ou encore le principe de non-refoulement. Ainsi, dans l'attente d'une solution définitive ou transitoire, les populations insulaires, devenues des apatrides *de facto,* ne pourront bénéficier que des normes et principes précités. Les lacunes et écarts de protection contenus dans la Convention de 1954 risqueraient de ce fait de renforcer leur vulnérabilité.

En définitive, les migrations transfrontières ont des conséquences dramatiques sur le statut des populations insulaires. En mettant en danger le statut étatique des PEI et en contribuant à leur extinction, elles placent ces populations dans un risque d'apatridie *de jure*. Mais indépendamment de l'extinction de ces États, les populations insulaires pourraient également se retrouver dans une situation d'apatridie *de facto* du fait de l'ineffectivité progressive du lien de nationalité. Paradoxalement, le risque d'apatridie *de jure* semble plus favorable pour ces populations puisqu'elles pourront bénéficier du régime prévu par la Convention de 1954. Tandis qu'en devenant des apatrides *de facto*, elles se retrouveraient dans un entre-deux juridique où leur statut juridique d'apatride est tâtonnant, et leur protection reste alors incomplète.

La confrontation des éléments constitutifs de l'État, notamment le territoire et la population, avec les effets du changement climatique, reflète les lacunes de la théorie de l'État en droit international. Le recours à la théorie des éléments constitutifs a certes permis d'apporter quelques réponses sur les conséquences du changement climatique sur ces États. Mais du fait des lacunes que présente le droit positif en la matière, des interrogations subsistent. Or, dans les situations douteuses et controversées d'apparition ou d'extinction de l' État, la pratique accorde du poids à des critères additionnels. Parmi eux figurent le principe de continuité et la pratique de la reconnaissance, corollaires de l'État en droit international.

CHAPITRE 2

Les corollaires de la qualité étatique des PEI

1. La continuité des PEI

L'analyse des éléments constitutifs de l'État ne permet pas d'appréhender de manière satisfaisante les hypothèses où le statut étatique d'une entité est ambigu. Pour mieux comprendre ces situations étatiques « douteuses », il convient de se détacher d'une vision purement factuelle et objective des choses pour s'intéresser à d'autres considérations juridiques, d'ordre plus subjectif. Dans le cadre de l'extinction des États, le principe de continuité représente une variable importante.

Le principe de continuité de l'État a souvent été mobilisé pour défendre la survivance des PEI. Par exemple, lors d'une table ronde organisée en 2011 par le Haut-Commissariat des Nations Unies pour les réfugiés sur le thème du changement climatique et des migrations, les experts présents ont convenu que le principe de continuité de l'État garantissait aux PEI la préservation de leur qualité étatique[1].

---

[1] UNHCR, Summary of Deliberations: Climate Change and Displacement, Identifying Gaps and Responses, Expert roundtable, Bellagion, Italy, 2011, §30, p.7: « It has been suggested that some small island and/or low-lying coastal states may cease to exist owing to sea-level rise and the impacts of this on the state and its people. Noting that there is a general presumption of continuity of statehood and international legal personality under international law, it was confirmed that statehood is not lost automatically with the loss of habitable territory nor is it necessarily affected by population movements. The language of 'disappearing' or 'sinking' islands ought to be avoided ».

Mais pour l'heure, ce principe n'a été mobilisé dans aucune situation identique ou similaire à celle des PEI. Par conséquent, il conviendra de déterminer si le principe de continuité de l'État est bien applicable aux PEI dont la qualité étatique est menacée par la perte du territoire et la migration de la population.

À première vue, le principe de continuité de l'État paraît applicable aux PEI menacés de disparition pour deux raisons principales.

D'abord, la continuité de l'État fait partie de ces principes de droit international qui manifestent une résistance devant les mutations qui pourraient affecter les États[1], et qui ont pour objectif d'assurer la stabilité des relations internationales. Étant donné que la société internationale répugne à l'extinction d'un État contre sa volonté[2], la continuité étatique est un principe qui préserve l'État contre les transformations qu'il peut subir dans ses éléments constitutifs[3]. Ainsi, elle constitue presque une négation de l'extinction de l'État et reposerait en partie, selon Krystyna Marek, sur la nécessité pratique de maintenir les droits et obligations des États en dépit des mutations qu'ils connaissent[4]. L'origine de ce principe remonterait à l'affaire *Tinoco* de 1923 dans lequel l'arbitre William Taft a reconnu « the principle of the continuity of states »[5] qui serait alors universellement admis[6]. Pour certains, il aurait été développé pour la première fois par Grotius[7].

---

1 RUIZ-FABRI, H., « Genèse et disparition de l'État à l'époque contemporaine », *AFDI*, 1992, p.154.

2 *Ibid*

3 MOSCOSO DE LA CUBA, P., « The statehood of 'collapsed' states in public international law », *Agenda Internacional*, 2011, Ano XVIII, n.29, p.132.

4 MAREK, K., *Identity and Continuity of States in Public International Law*, Genève, Librairie Droz, 1968, 2ème édition, p. 24.

5 *Aguilar-Amory and Royal Bank of Canada Claims (Great Britain v Costa Rica),* arbitral award of 18 October 1923, *UN Reports of International Arbitral Awards*, vol. I, p. 377.

6 *Ibid*

7 OSTRUN, A., « Conceptions of State Identity and Continuity in Contemporary International Legal Scholarship », *European Society of International Law Conference Paper Series*, 2015, vol. 6, paper no. 11, p.7.

Le principe de continuité s'applique aux mutations pouvant affecter tous les éléments constitutifs de l'État, et ce bien que ce principe ait principalement concerné le gouvernement, tel que cela fut le cas dans l'affaire *Tinoco*. Ainsi, selon James Crawford, « A State is not necessarily extinguished by substantial changes in territory, population or government, or even, in some cases, by a combination of all three »[1]. Concrètement, l'acquisition ou la perte d'une partie du territoire, ou les bouleversements touchant la population, n'affectent pas la continuité de l'État. Par exemple, le Royaume-Uni est resté le même État depuis 1707, malgré l'acquisition et la perte de deux empires[2]. Concernant le gouvernement, les modifications constitutionnelles ou toute situation d'instabilité politique, qui se seraient même produites à la suite d'une révolution ou d'une guerre, n'interrompent pas la continuité de l'État[3]. La Somalie est l'exemple le plus cité de continuité étatique dans les cas de bouleversements touchant la puissance publique. Malgré la survenance d'une guerre civile qui a rendu le gouvernement ineffectif et entrainé l'absence prolongée d'une autorité gouvernementale entre 1991 et 2000, le statut de la Somalie n'a pas pour autant été remis en cause. Elle a certes pu être qualifiée d'« État failli »[4]. Mais comme en témoigne cette notion, bien qu'en faillite, la Somalie reste avant tout un État.

De même, la continuité de l'État prime même lorsque plusieurs éléments de l'État sont bouleversés. Ainsi, dans l'affaire de la *Dette publique ottomane* de 1925, le tribunal arbitral a relevé que malgré les pertes territoriales et la révolution politique survenues dans l'Empire Ottoman, « [e]n

---

[1] CRAWFORD, J., *The Creation of States in International Law*, *op. cit.*, p.700.
[2] *Ibid*, p. 675.
[3] CANSACCHI DI AMELIA, G., « Identité et continuité des sujets internationaux », *RCADI*, 1970, vol. 130, p.22.
[4] Voir GIORGETTI, C., *A Principled Approach to State Failure: International Community Actions in Emergency Situations*, Leiden/Boston, Martinus Nijhoff, 2010, 217 p.

droit international, la République turque doit être considérée comme continuant la personnalité de l'Empire Ottoman »[1].

Le principe de continuité est donc largement confirmé par la pratique internationale[2]. Plus généralement, ce principe est également lié à la flexibilité que le droit international témoigne vis-à-vis des éléments constitutifs de l'État, et ce notamment au stade de l'appréciation de la survivance de l'État[3]. En effet, comme le souligne Rosalyn Higgins, « (...) once in the club [of States], the rules by which admission was tested, and that always with a degree of flexibility, become less important »[4].

La compréhension courante du principe de continuité explique en quoi la thèse de la continuité étatique des PEI est acceptable au premier abord. En effet, ce principe semble tellement large qu'il pourrait convenir à tout bouleversement touchant l'État dans ses éléments constitutifs. Comme le souligne Ian Brownlie, ce principe « (...) may be used to preface a diversity of legal problems »[5]. Dès lors, en invoquant ce principe, il paraît facile de soutenir la continuité des PEI malgré la perte de leur territoire et la migration de leur population. À cela s'ajoute la sensibilité qui sous-tend la situation des PEI. En raison de l'émoi qu'elle suscite, il devient alors être très tentant d'appliquer aux PEI des principes juridiques par opportunité politique car ceux-ci leur sont favorables, plutôt que par raison juridique. Ce sont les « considérations politiques et de courtoisie internationale » auxquelles fait référence Giorgio Cansacchi Di Amelia et qui favoriseraient l'application du principe de continuité[6]. Enfin, les

---

[1] *Affaire de la Dette publique ottomane (Bulgarie, Irak, Palestine, Transjordanie, Grèce, Italie et Turquie), sentence arbitrale*, 18 avril 1925, *RSA*, vol. I, p. 573.

[2] Plusieurs juridictions nationales ont également pu confirmer cette règle. Voir MAREK, K., *op. cit.*, pp.16-18.

[3] Voir Chapitre 1 sur la flexibilité du territoire et de la population de l'État.

[4] HIGGINS, R., *Problems and Process: International Law and How We Use It*, Clarendon Press, 1995, p.39, cité par KREIJEN, G., *State Failure, Sovereignty and Effectiveness*, Leiden/Boston, Martinus Nijhoff Publishers, 2004, p.34.

[5] BROWNLIE, I., *Principles of Public International Law*, Oxford University Press, 2008, 7th ed., p. 80.

[6] CANSACCHI DI AMELIA, G., *op.cit.*, 57.

conséquences de l'extinction des PEI sur la stabilité des relations internationales ne peuvent qu'encourager l'application du principe de continuité aux PEI.

Ces différentes considérations expliquent pourquoi certains auteurs défendent la présomption de continuité des PEI. En effet, à l'instar du Haut-Commissariat pour les Réfugiés, nombreux sont les auteurs qui soutiennent que le principe de continuité doit s'appliquer aux PEI menacés de disparition. Par exemple, selon Alberto Costi et Nathan Ross, la perte du territoire met en danger les droits des populations insulaires. Ainsi, le principe de continuité devrait être appliqué aux PEI afin de préserver leur qualité étatique, et *in fine*, d'assurer la protection de ces droits[1]. Pareillement, pour Maxine Burkett, l'application de ce principe découle d'une interprétation juste et appropriée du droit international, et d'une prise en compte des circonstances extraordinaires dans lesquelles se trouvent les PEI[2].

Ensuite, au-delà de toutes ces considérations, le droit à l'autodétermination a également pu être invoqué pour soutenir l'application du principe de continuité aux PEI, ce qui en fait un principe apparemment applicable à la situation en cause.

Cette mobilisation du droit à l'autodétermination, principe fondamental du droit international[3], n'est pas neutre. Elle cherche à conférer plus de poids à la présomption de continuité des PEI.

En dehors de la situation concernant les PEI, cet argument n'est pas nouveau. En effet, certains auteurs ont déjà pu relever que le droit à l'autodétermination est un facteur décisif, non seulement dans le cadre de la création de l'État, mais également pour sa continuité. C'est en ce sens que dans le cadre des « États faillis », Gérard Kreijen affirme que « (…) the right to

---

[1] COSTI, A., ROSS, N. J., « The Ongoing Legal Status of Low-Lying States in the Climate-Changed Future », In BUTLER, P., MORRIS, C. (eds), *Small States in a Legal World*, Heildelberg, Springer Publishing, 2017, p.106-107 et 113.

[2] BURKETT, M. « The Nation Ex-Situ: On Climate Change, Deterritorialized Nationhood, and the Post-Climate Era », *Climate law*, 2011, vol. 345, p.362.

[3] Assemblée Générale, résolution 1514 (XV), portant *Déclaration sur l'octroi de l'indépendance aux pays et peuples coloniaux*, 14 décembre 1960.

self-determination, which, especially if it is regarded as *jus cogens*, resists the idea that a certain State may become extinct (at all) »[1]. C'est le point de vue que partagent également Gerald Helman et Steven Ratner, car selon ces auteurs, « The idea that states could fail – that they could be simply unable to function as independent entities – was anathema to the raison d'être of decolonization and offensive to the notion of self-determination »[2].

Dans le cas des PEI, cet argument a également pu être avancé. Par exemple, pour Nathan John Ross, le versant externe du droit à l'autodétermination soutiendrait la continuité des PEI. En effet, celui-ci impliquerait non seulement le droit pour un peuple d'accéder à l'indépendance, mais également la préservation de l'État au sein de la communauté internationale[3]. Le droit à l'autodétermination ne serait donc pas confiné à l'établissement d'un État. Il existerait plutôt à perpétuité. Ainsi, l'autodétermination externe confèrerait aux populations insulaires le droit de déterminer librement leur statut politique, et par conséquent, de continuer à exister en tant qu'État[4]. Un parallèle peut d'ailleurs être dessiné ici entre le droit à l'autodétermination, tel qu'appliqué dans le cadre la continuité de l'État, et le « droit fondamental qu'a tout État à la survie » invoqué par la CIJ dans son avis consultatif de 1996 sur la *Licéité de la menace ou de l'emploi d'armes nucléaires*[5].

L'argument présenté par Nathan John Ross, et avec lui, tous ceux soutenant la présomption de continuité des PEI sur le fondement du droit à l'autodétermination[6], est très contestable.

---

[1] KREIJEN, G., *State Failure, Sovereignty and Effectiveness*, Leiden/Boston, *op. cit.*, p.38.

[2] HELMAN, G. B., RATNER, S. R.., « Saving Failed States », *Foreign Policy*, 1992/1993, n.89, p.4.

[3] ROSS, N. J. (2019), *Low-Lying States, Climate Change-Induced Relocation and the Collective Right to Self-Determination*, Thesis, Victoria University of Welligton, p.140.

[4] *Ibid*, p.142.

[5] CIJ, *Licéité de la menace ou de l'emploi d'armes nucléaires*, avis consultatif du 8 juillet 1996, *Rec.*, p.263, § 96.

[6] Voir par exemple WILLCOX, S., « Climate Change Inundation, Self-Determination, and Atoll Island States », *Human Rights Quaterly*, 2016, vol. 38, n.4, pp.1022-1037.

Certes, la question du statut d'État et celle du droit à l'autodétermination sont liées. Comme le relevait James Crawford, « (...) self-determination is, at the most basic level, a principle concerned with the right to be a State. A significant body of practice attests the reality of the link (...) »[1]. Dans son versant externe, ce droit signifie la liberté pour les « peuples » de choisir leur propre statut international, dont celui de l'État.

De plus, il convient de noter que les populations insulaires sont de prime abord de bonnes candidates à l'exercice d'un droit à l'autodétermination. Pour Pierre Bodeau-Livinec, « L'île, par sa singularité géographique, semble offrir un socle idéal à l'identification d'un cadre d'exercice du droit à l'autodétermination »[2].

Pour autant, avec toutes les incertitudes liées à l'étendue du droit à l'autodétermination, il paraît audacieux d'affirmer qu'il bénéficie aux PEI et œuvrerait en faveur de leur continuité. D'une part, il n'est pas établi que l'autodétermination bénéficie aux populations déjà constituées en États. Dans le cadre des territoires insulaires non-autonomes[3], Pierre Bodeau-Livinec relevait déjà que l'application du droit à l'autodétermination aux populations insulaires se heurtait à une difficulté tenant à la qualification du « peuple »[4]. Cette difficulté est d'autant plus importante que les populations des PEI sont déjà constituées en États. Bien que le droit international ne comporte aucune définition positive du terme « peuple »[5], la qualification de ces populations en « peuple » est contraire à l'acception retenue dans la résolution 1514 (XV) de 1960 qui est purement décolonisatrice[6]. Pour Pierre Bodeau-Livinec, à défaut de tout critère matériel de définition positive, c'est la persistance d'une

---

[1] CRAWFORD, J., *The Creation of States in International Law*, *op. cit.*, p.107.

[2] BODEAU-LIVINEC, P., « Le droit à l'autodétermination des peuples insulaires », in Société Française pour le Droit International, *Iles et droit international*, Paris, Pedone, 2020, p.113.

[3] Voir la liste des territoires non-autonomes, site des Nations unies.

[4] *Ibid*

[5] CRAWFORD, J., *op. cit.*, pp.70 et s. Cité par BODEAU-LIVINEC, P., *op. cit.*, p.113.

[6] Assemblée Générale, résolution 1514 (XV), portant *Déclaration sur l'octroi de l'indépendance aux pays et peuples coloniaux*, 14 décembre 1960.

subjugation entre les populations insulaires et une puissance tierce qui « fait » le peuple[1]. Or, force est de constater qu'en ayant déjà acquis l'indépendance, les populations des PEI ne remplissent pas ce critère, en tout cas, en ce qui concerne l'exercice de l'autodétermination externe. Ainsi, dire comme le relève Susannah Willcow que « (…) the populations of Tuvalu, Kiribati, and the Maldives count as self-determining peoples »[2] est excessif et constitue une interprétation extensive de la manière dont le droit à l'autodétermination est appréhendé en droit international.

Dès lors, il convient de ne pas surestimer l'influence du droit à l'autodétermination sur la présomption de continuité des PEI. Même si ce droit constitue une norme fondamentale du droit international, l'affirmer de manière dogmatique pour justifier la continuité des PEI paraît déraisonnable. Pourtant, force est de reconnaître que l'invocation de cette norme donne du poids à la présomption de continuité des PEI. Ceci est notamment lié à portée symbolique qui est attachée à ce droit, ainsi qu'à la valeur qui lui est accordée.

À première vue, le principe de continuité semble donc être applicable aux PEI. Il constitue un principe favorable et suffisamment large dans sa définition pour couvrir la situation des PEI. De plus, l'invocation du droit à l'autodétermination à l'appui de ce principe donne du poids à cet argument, bien qu'elle soit loin d'être fondée et justifiée.

Malgré ces apparences, la pratique et la doctrine témoignent d'une application limitée du principe de continuité.

En effet, l'application de ce principe a été souvent revendiquée dans des situations de nature illégale et temporaire, et elle nécessite également une satisfaction minimale des critères de l'État. La continuité n'est pas un principe qui a prétention à s'appliquer dans toutes les situations étatiques ambiguës. La pratique internationale le démontre bien.

D'une part, le principe de continuité s'applique dans les situations temporaires. Il s'agit d'un principe juridique conçu pour assurer le maintien du statut étatique des États pendant les

---

[1] BODEAU-LIVINEC, P., *op. cit.*, p. 117.
[2] WILLCOX, S., *op cit.*, p.1027.

périodes de changements, de transitions ou de bouleversements, aussi graves soient-ils. C'est ce que précise Hélène Ruiz-Fabri, pour qui en matière de continuité de l'État, « Le facteur temps ne peut pas être éliminé » [1] : c'est parce que l'État est victime de « troubles passagers »[2] que ce principe lui est appliqué. C'est peut-être l'une des raisons pour lesquelles le vocable de « présomption » de continuité est préféré à celui de « principe » de continuité[3]. L'utilisation de la notion de « présomption » reflète davantage le fait que la continuité de l'État n'est que préjugée, puisque « La disparition de l'État ne sera juridiquement acquise que lorsque la preuve matérielle en aura été rapportée, attestant de l'impossibilité de toute tentative de restauration »[4]. Le cas de la Somalie est assez révélateur sur ce point. En effet, malgré l'instabilité politique touchant notamment son gouvernement, son statut d'État n'a pas été remis en cause. Il semble alors que c'est le postulat que cette instabilité est temporaire, conjugué avec l'espoir d'un rétablissement d'une autorité effective à terme, qui explique sa continuité.

De plus, c'est la nature temporaire de la situation trouble dans laquelle se trouve l'État qui, en partie, rend tolérable la fiction juridique qui se crée. En effet, le principe de continuité entre frontalement en contradiction avec celui de l'effectivité. Selon Denis Alland, l'effectivité désigne en droit international « la nature de ce qui existe en fait, ce qui existe concrètement, réellement; elle s'oppose à ce qui est fictif, imaginaire ou purement verbal »[5]. Or, en reconnaissant la continuité de l'État en dépit des bouleversements touchant ses éléments constitutifs, on s'éloigne de l'effectivité pour rentrer dans une fiction

---

1 RUIZ-FABRI, H., « Genèse et disparition de l'État à l'époque contemporaine », *op.cit.*, p.162.

2 MAREK, K., *op. cit.*, p. 9.

3 Voir par exemple RUIZ-FABRI, H., *op.cit.* ; COSTI, A., « Urgence climatique : l'obligation de prévenir la disparition de l'État », Revue Québécoise de Droit International, Hors-série-Janvier 2022 17 février 2022, pp.233-267 ; CRAWFORD, J., *The Creation of States in International Law*, *op.cit.* ; OSTRUP, A., *op.cit.*

4 RUIZ-FABRI, H., *op.cit.*, p.162.

5ALLAND, D., « Préface », in COUVEINHED-MATSUMOTO, F., *L'effectivité en droit international*, Bruxelles, Bruylant, 2014, p.7.

juridique. Par cette fiction, le droit entre en contradiction avec le fait. Pour Marek, le droit international s'accommode mal du divorce entre le fait et le droit car il s'expose alors à une antinomie qui met en péril son existence et sa légitimité[1]. C'est ce qui explique que le principe de continuité s'applique aux situations temporaires : la fiction juridique qui naît de l'application du principe de continuité n'est tolérable que de façon temporaire. Ainsi, dans le cadre des États occupés ou annexés, à l'image du Koweït ou des pays baltes, l'un des facteurs qui sous-tend leur continuité est celui lié à la temporalité de l'annexion ou de l'occupation[2]. Mais à la longue, lorsque les bouleversements subis par l'État s'avèrent permanents, le principe de continuité n'a plus vocation à s'appliquer.

Ainsi, le principe de continuité n'a pas été conçu pour s'appliquer aux perturbations permanentes touchant les États. Or, les conséquences du changement climatique sur les PEI sont permanentes, la submersion du territoire ou son inhabitabilité étant des phénomènes irréversibles. Pareillement, la migration transfrontière des populations insulaires est également permanente puisque celle-ci est fortement liée au statut du territoire devenu submergé ou inhabitable. Le retour sur ces îles est donc peu envisageable. Les bouleversements touchant les PEI étant de nature permanente, il est difficile de défendre l'applicabilité du principe de continuité à ces États.

D'autre part, la pratique en matière de continuité étatique est complexe, et ce à la fois sur le plan juridique et factuel. En effet, elle implique plusieurs relations et questions juridiques. Néanmoins, il convient de noter que le principe de continuité a été majoritairement appliqué dans des situations illégales en droit international, à l'image des cas d'annexions ou d'occupations militaires survenues pendant les conflits mondiaux de 1914-1918 et de 1939-1945. Ainsi, c'est parce que l'annexion ou l'occupation militaire se heurtent à des principes fondamentaux du droit international, à savoir le principe d'intégrité territoriale et celui de l'interdiction du recours à la

---

[1] MAREK, K., *op. cit.*, pp.565-566.
[2]MAREK, K., *op. cit.*, p.576.

force, que le principe de continuité s'applique à l'État annexé ou occupé. Dans ce cas, la continuité de l'État exprimerait une négation de l'annexion ou de l'occupation, ainsi que de ses effets ; la communauté internationale refuse alors d'enregistrer la disparition de l'État-victime[1]. C'est d'ailleurs l'illégalité de cette situation, complétée par son caractère provisoire, qui justifie la fiction juridique qui naît de l'application du principe de continuité. Cette fiction consiste à admettre que l'État continue d'exister, alors même que factuellement, il ne remplit plus les conditions de l'État[2]. À cet égard, James Crawford donne l'exemple de l'annexion du Koweït par l'Irak en 1990. Selon lui, si la continuité du Koweït était incontestable, c'est parce que « Kuwait (...) presented the core case of the phenomenon, the period of annexation having been brief and its *illegality* underscored by Security Council resolutions »[3].

Pour les PEI, la question qui se pose alors est celle de savoir si la disparition de ces États repose sur une violation du droit international qui justifierait l'application du principe de continuité. En d'autres termes, le principe de légalité, qui pourrait alors l'emporter sur celui de l'effectivité, est-il applicable aux PEI? Sur le plan de l'illégalité, la situation du PEI est-elle comparable à celle d'un État annexé ou occupé?

Afin de répondre à cette question, il convient d'abord de noter que certains auteurs ont tenté de démontrer que la violation de normes fondamentales du droit international découle de la disparition des PEI. C'est le cas de Jenny Grote Stroutenburg pour qui « [t]he extinction of sovereign island states due to anthropogenic climate change might (...) violate fundamental norms of international law, such as the right to self-determination, or basic human rights »[4].

---

[1] RUIZ-FABRI, H., *op.cit.*, p.157.

[2] Dans l'hypothèse de l'annexion ou de l'occupation militaire, l'État envahi perd l'emprise sur son territoire et le gouvernement devient ineffectif (donnant souvent naissance aux situations de gouvernements-en-exil). Voir CANSACCHI DI AMELIA, G., *op.cit.*, pp.24-26.

[3] CRAWFORD, J., *The Creation of States in International Law*, *op.cit*, p.689. Nous soulignons.

[4] GROTE STOUTENBERG, J., *Disappearing Island States in International Law*, *op. cit.*, p. 316.

Ce raisonnement est néanmoins contestable. En effet, il met l'accent là où il ne faut pas. Il se concentre sur les conséquences pouvant découler de la disparition des PEI, et non sur ses causes. Or, pour déterminer l'applicabilité du principe de continuité, il convient de s'intéresser à l'illégalité des causes entraînant la disparition des PEI, et non à ses conséquences. Par exemple, pour un État annexé, c'est l'annexion qui constitue la circonstance illégale, et c'est donc à elle qu'il faut se référer pour déterminer l'applicabilité du principe de continuité. De même, pour les PEI, c'est sur le changement climatique qu'il faut se pencher pour apprécier l'applicabilité de ce principe.

Or aujourd'hui, il est encore difficile d'affirmer que le changement climatique constitue une circonstance illégale au sens du droit international. Il est certes né de la méconnaissance par les États des obligations en matière de protection de l'environnement ou de réduction des émissions de GES. Cependant, à l'instar des obstacles juridiques liés à l'imputation de la responsabilité aux États tiers, il n'est pas attesté que le changement climatique constitue une violation d'un principe fondamental du droit international, comme le serait l'occupation avec l'interdiction du recours à la force. Pour ces raisons, il est difficile d'affirmer que les PEI se retrouvent dans une situation illégale qui est telle que l'application du principe de continuité serait justifiée. La situation illégale dans laquelle pourrait se retrouver un État annexé est différente en tout point de celle des PEI.

En somme, il ressort deux caractéristiques communes aux situations où le principe de continuité a pu être appliqué. D'une part, ce principe a été appliqué aux situations temporaires et d'autre part, il peut s'observer dans les situations illégales au regard du droit international.

Un troisième paramètre peut également être ajouté. Il s'agit de la nécessité d'une satisfaction minimale des critères de l'État.

Voir aussi dans le même registre HUMPHREYS, S., « Climate Change and International Human Rights Law », in RAYFUSE, R., SCOTT, S. V. (eds.), *International Law in the Era of Climate Change*, Cheltenham/Northampton, Edward Edgard Publishing, 2012, pp.29 et suivants.

La continuité de l'État donne une apparence de principe simple et univoque : les changements de territoire, de population ou de gouvernement que connaît l'État au cours de son existence ne remettent pas en cause son identité. Pourtant, il s'agit d'un principe juridique qui ne fait pas l'unanimité et qui provoque encore une grande confusion dans les esprits. Puisque aucune juridiction internationale ou nationale n'a pu trancher ces interrogations, c'est la doctrine qui s'est saisie de cette question[1].

Pour comprendre le débat qui existe autour de ce principe, il est important de faire la distinction entre les notions de concept et de conception. À ce propos, Anne Ostrup cite le philosophe britannique Walter Bryce Gallie pour qui le concept désigne une notion générale et abstraite, tandis qu'une conception renvoie aux interprétations particulières de cette notion[2]. En ce qui concerne la continuité de l'État, la doctrine s'accorde sur le principe général, mais des conceptions concurrentes ont été proposées.

En effet, les auteurs s'accordent pour dire que ce principe renvoie à l'idée qu'un État peut survivre et poursuivre son existence juridique malgré certains bouleversements dans ses critères constitutifs[3]. Il existe également un consensus général sur les règles spécifiques de continuité s'appliquant à chaque élément constitutif de l'État.

Cependant, la doctrine est très divisée sur le choix de l'élément déterminant pour la continuité de l'État[4]. En d'autres termes, il n'existe pas d'accord sur les conditions juridiques de la continuité de l'État. À propos de ce désaccord doctrinal, Anne Ostrup effectue une classification intéressante. En effet, elle distingue au moins trois conceptions de la continuité de l'État en droit international. Tout d'abord, une conception « formelle » qui est largement défendue par Krystyna Marek.

---

[1] MAREK, K., *op. cit.*, pp.16-18.

[2] OSTRUP, A., « Conceptions of State Identity and Continuity in Contemporary International Legal Scholarship », *European Society of International Law Conference Paper Series*, 2015, vol. 6, paper no. 11, p.3.

[3] Voir à ce propos MAREK, K, *op.cit*, pp.1-6 ; CRAWFORD, J., *op. cit.*, pp.667-692 ; CANSACCHI DI AMELIA, G., *op.cit.*, pp.19-29.

[4] CANSACCHI DI AMELIA, G., *op.cit.*, p.30.

Selon elle, la continuité de l'État reposerait sur la continuité de ses droits et obligations[1]. Donc pour cet auteur, ce qui compte c'est la continuité des droits et obligations internationales de l'État plutôt que celle de ses éléments constitutifs. Face à cette conception, Giorgio Cansacchi Di Amelia soutient plutôt une approche « matérielle » de la continuité. Pour Cansacchi, la continuité de l'État repose sur la continuité de ses éléments constitutifs, et parmi eux, c'est la population qui serait déterminante, ce qu'il appelle plus précisément le « substratum social »[2]. Il affirme que

> « (...) la continuité du sujet international est déterminée par la permanence de son peuple, dans son indépendance étatique et dans son individualité ethnique-historique; c'est le peuple qui constitue, sous l'enveloppe de l'ordre juridique toujours changeant et sous les gouvernements qui se succèdent, la 'personne réelle' de l'État »[3].

Enfin, James Crawford propose une conception « procédurale » selon laquelle la continuité de l'État est plutôt le résultat d'un processus impliquant à la fois des facteurs objectifs relatifs au concept juridique de l'État et de facteurs subjectifs liés au jeu de la revendication et de la reconnaissance[4].

Ces différentes conceptions de la continuité ont chacune leurs forces et leurs faiblesses. Mais pour les PEI, ce qui importe est moins de se fonder sur ces différentes conceptions pour trouver une solution juridique, que de déterminer leurs points communs. Or, malgré ces divergences, tous les auteurs, s'accordent pour dire que la continuité nécessite une satisfaction minimale des éléments de l'État. Et la pratique confirme cela. En effet, l'analyse des écrits doctrinaux sur le sujet montre qu' il est largement établi que ce principe ne rentre pas en jeu en cas de disparition totale, voire de changements très considérables des critères de l'État. D'ailleurs, pour soutenir cet argument, les

---

[1] MAREK, K, *op.cit*, p.5.
[2] CANSACCHI DI AMELIA, G., *op.cit.*, p.88.
[3] *Ibid*
[4] OSTRUP, A., *op. cit.*, p. 19. Voir plus précisément CRAWFORD, J., *op. cit.*, p.671.

exemples proposés par les auteurs sont très similaires voire identiques à la situation des PEI. Ainsi, pour James Crawford, « A State may be said to continue as such so long as an identified polity exists with respect to a significant part of a given territory and people »[1], ce qui signifie implicitement que la continuité ne s'applique pas en cas de disparition totale de ces critères. De manière beaucoup plus explicite, et en référence aux PEI à une période où la question de leur disparition ne se posait pas encore, Krystyna Marek relevait que « That a State would cease to exist if for instance the whole of its population were to perish or emigrate, or if its territory were to disappear *(eg an island which would become submerged)* can be taken granted »[2]. Pour Marek, il est donc clair que le principe de continuité ne s'applique pas à un État qui perd l'intégralité de son territoire, ou dont la totalité de la population migre. Cansacchi Di Amelia confirme cet argument en précisant que

> « L'État s'éteint, et avec lui le sujet international qu'il personnalise, dans les hypothèses (...) de la suppression ou de la déportation intégrale de son peuple, de la destruction totale de son territoire à la suite d'un cataclysme, de la désagrégation complète de l'organisation politique à la suite d'une anarchie continue »[3].

Ainsi, l'applicabilité du principe de continuité aux PEI est indirectement remise en cause par ces auteurs. Celui-ci ne peut pas être invoqué en cas de submersion totale du territoire, de migration totale de leur population, ou d'une conjonction entre les deux.

Néanmoins, avant ces phénomènes drastiques, la question se pose de savoir à partir de quel moment doit-on considérer que les changements subits par un État sont trop substantiels pour assurer sa continuité. À ce propos, Krystyna Marek relevait que le droit international ne fixe pas de limite au-delà de laquelle l'État perd son identité, et que la solution devra alors dépendre de l'appréciation des faits de chaque cas particulier[4]. Il s'agit

---

[1] CRAWFORD, J., *op. cit.*, p.671.
[2] MAREK, K, *op.cit*, p.7. Nous soulignons.
[3] CANSACCHI DI AMELIA, G., *op.cit.*, p.20.
[4] MAREK, K, *op.cit*, p.23.

d'une réponse peu satisfaisante, mais logique au regard de la diversité des bouleversements pouvant toucher les États.

À cette première limite au principe de continuité liée à la nécessité d'une satisfaction minimale des critères de l'État s'ajoute le fait que la continuité n'a été mise en pratique que dans des situations temporaires et illégales.

En somme, le principe de continuité ne s'applique que dans certaines situations. La pratique montre que celles-ci sont caractérisées par leur temporalité, l'illégalité ainsi qu'une satisfaction minimale des critères de l'État. La situation dans laquelle se retrouveront les PEI ne présente pas ces caractéristiques. Les effets du changement climatique sur leurs éléments constitutifs sont en effet définitifs et entraineront dans un cas extrême la perte totale de ces éléments. De plus, aucune violation d'un principe fondamental du droit international ne peut pour l'heure être invoquée pour attester de l'illégalité de leur situation. Par conséquent, il semble inapproprié de supposer que le principe de continuité peut protéger les PEI contre la perte de leur statut étatique.

À côté du principe de continuité, le droit international regorge d'un autre indice reflétant l'existence ou la continuité d'un État : il s'agit de la pratique de la reconnaissance.

2. La reconnaissance continue des PEI

L'appréciation de la continuité étatique des PEI constitue un enjeu important. Cette appréciation, qui prend en droit international la forme d'une reconnaissance, est nécessairement effectuée par différents acteurs juridiques internationaux. Dans les situations étatiques douteuses, la reconnaissance individuelle effectuée par les États présente quelques spécificités. Et dans une société internationale où l'action est de plus en plus collectivisée, il convient également de s'intéresser au rôle de l'ONU dans la reconnaissance des PEI.

La pratique de la reconnaissance a été beaucoup appréhendée dans le cadre de la création des États. Pourtant, celle-ci est tout aussi pertinente dans les situations où l'État fait face à certains bouleversements, et risque de ce fait de perdre son statut étatique. C'est dans cette hypothèse que rentre la problématique des PEI menacés de disparition. Dans ces situations particulières, la reconnaissance joue un rôle essentiel et est susceptible d'avoir un effet constitutif sur la continuité des États.

En droit international, la reconnaissance est l'expression unilatérale de la volonté d'un État de reconnaître comme valide, et opposable à son égard, un fait ou une situation juridique donnée[1]. Appliquée à l'État, la reconnaissance désigne donc l'acte par lequel un État admet qu'une entité tierce réunit bien, à raison des éléments qui la composent, sinon des modalités de sa formation, les conditions nécessaires à la possession de la qualité étatique[2].

Il existe un postulat selon lequel la reconnaissance de l'État serait cantonnée à sa création. Celle-ci ne pourrait pas avoir pour objet la continuité ou l'extinction de l'État[3]. Par exemple, pour Joe Verhoeven,

> « La reconnaissance d'État s'entend traditionnellement de la reconnaissance accordée à *l'État 'nouveau'* (...). Les avatars ultérieurs de cette personnalité ne donnent pas, dans la pratique internationale, matière à reconnaissance. D'aucuns ont néanmoins entendu assujettir à reconnaissance la disparition de l'État au même titre que sa naissance »[4].

La reconnaissance de l'État n'est nullement cantonnée à sa création. Dans le sixième rapport sur les actes unilatéraux des États, Victor Rodriguez Cedeño, rapporteur spécial à la CDI, relevait que la reconnaissance consiste à constater « l'existence d'une situation de fait ou de droit ou la légitimité d'une prétention juridique, dans le but de produire des effets juridiques déterminés (...) »[5]. La disparition et la continuité de

---

[1] DUPUY, P.M., KERBRAT, Y., *op. cit.*, p.38.
[2] *Ibid*
[3] RAESTAD, A., « La cessation des États d'après le droit des gens », *Revue de Droit International et de Législation Comparée*, 1939, vol. 20, No 3, pp.441-442.
[4] VERHOEVEN, J., *La reconnaissance internationale dans la pratique contemporaine*, Paris, Pedone, 1975, p.7. Nous soulignons.
[5] Commission du droit international, Sixième rapport sur les actes unilatéraux des États par M. Víctor Rodríguez Cedeño, Rapporteur spécial, 2003, p.65, par.67, A/CN.4/534.

l'État entrent dans les situations pouvant faire l'objet d'une reconnaissance. En attestent les différentes résolutions du Conseil de sécurité portant obligation de non-reconnaissance. Cette non-reconnaissance a souvent pour objet des situations tenant à la continuité ou à l'extinction d'un État. Par exemple, ce fut le cas dans la résolution 662 (1990) où le Conseil de sécurité a demandé aux États de ne pas reconnaître l'annexion du Koweït par l'Irak[1]. Ici, l'obligation de non-reconnaissance porte implicitement sur la continuité de l'État koweïtien, et vise à refuser son extinction provoquée par la violation d'une norme impérative du droit international.

C'est à ce titre que Gerard Kreijen relève que

> « (…) modern international law rather is inclined to use recognition primarily as a means of inclusion in order to guarantee the existence of a universal community of formally equal and sovereign States. As such recognition may become crucial in guaranteeing the continued legal existence of (…) States (…) »[2].

Pareillement, pour Arnold Raestad, « La reconnaissance des autres États (…) est un élément décisif de la cessation de l'État, de même que la reconnaissance des autres États conditionne, en droit international, l'entrée en existence de l'État »[3].

Ainsi, dans la vie d'un État, la reconnaissance peut être pratiquée à différents moments. Lors de sa création, la question de sa reconnaissance peut se poser. Une fois qu'elle est accordée, elle n'a pas à être renouvelée dans les situations habituelles pouvant affecter ses éléments constitutifs. En revanche, dans les situations qui menacent la survivance même de l'État, la question peut se poser soit du maintien de la reconnaissance, et en cas de violation d'une norme impérative du droit international, d'une obligation de non-reconnaissance du changement existentiel.

Toute discussion sur la reconnaissance des États en droit international appelle à un détour sur l'opposition classique entre les théories constitutive et déclarative. Selon la théorie

---

[1] Conseil de sécurité, résolution 662 (1990), 9 août 1990, sur l'annexion du Koweït par l'Irak, p.22, § 2.

[2] KREIJEN, G., *op. cit.*, p.14.

[3] RAESTAD, A., *op.cit.*, p.447.

constitutive, la reconnaissance crée l'État[1] et serait une condition de son existence, au même titre que ses autres éléments constitutifs. Cette théorie est majoritairement partagée par les positivistes, puisqu'elle souligne le rôle de l'État dans l'admission de leurs pairs dans la communauté internationale. *A contrario*, en vertu de la théorie déclarative, une entité devient un État dès lors qu'elle remplit les conditions requises par le droit international[2]. La reconnaissance par les autres États ne constitue alors qu'une constatation de l'existence de cette nouvelle entité étatique.

Ces deux thèses ont chacune leurs forces et leurs faiblesses[3]. La thèse déclaratoire est aujourd'hui dominante, trouvant un appui dans certains traités et avis des États. Ainsi, dans son premier avis rendu le 29 novembre 1991, la Commission d'arbitrage de la Conférence européenne pour la paix en Yougoslavie a pu préciser que « (...) la reconnaissance par les autres États a des effets purement déclaratifs ; - l'existence ou la disparition de l'État est une question de fait »[4]. Également, la Convention de Montevideo de 1933, embrasse la théorie déclarative de la reconnaissance. En effet, l'article 3 dispose que « L'existence politique de l'État est indépendante de sa reconnaissance par les autres États » et selon l'article 6, « La reconnaissance d'un État signifie tout simplement que celui qui le reconnaît accepte la personnalité de l'autre avec tous les droits et devoirs déterminés par le Droit international »[5].

---

[1] DUGARD, J., *Recognition and the United Nations*, Cambridge, Grotius Publications LTD, 1987, p.7.

[2] *Ibid*

[3] Voir par exemple MEREK, K., *op. cit.*, pp.130-158 ; KREIJEN, G., *op. cit.*, p.15.

[4] Commission d'Arbitrage de la Conférence pour la paix en Yougoslavie, avis n° 1, 29 novembre 1991 ; texte in *RGDIP.*, 1992, p. 264.

[5] Convention panaméricaine de Montevideo sur les droits et devoirs des États, 26 décembre 1933, SDN, *Recueil des traités*, n° 3802, p. 36, articles 3 et 6. Voir également Institut de Droit international, *Résolution sur la reconnaissance des nouveaux États et des nouveaux gouvernements*, 23 avr. 1936, art. 1. Publié dans I.D.I., *Annuaire de l'Institut de droit international*, Paris, Pedone, avril 1936, vol. 39, t. II; selon l'IDI, « La reconnaissance a un effet déclaratif ».

Cependant, bien que la thèse déclarative soit majoritaire aujourd'hui, la pratique suggère plutôt que la reconnaissance est composite, possédant à la fois des aspects déclaratifs et constitutifs. Ceci montre qu'en droit international, les théories purement « déclaratistes » ou « constitutivistes » de la reconnaissance ne répondent plus à la réalité. Ainsi, dans certaines circonstances, la théorie constitutive peut prédominer. Ceci est le cas dans les situations étatiques douteuses, où l'État ne remplit plus les critères généraux d' « étatiticité », mais réussit pourtant à préserver sa qualité étatique. Dans cette hypothèse, la survivance de l'État s'explique en partie par la reconnaissance que continuent de lui accorder les États tiers. Dès lors, celle-ci revêt alors un effet constitutif. Pour Lauterpacht, il est parfois si douteux qu'une entité soit un État que seul l'acte de reconnaissance peut dissiper le doute et « faire » de cette entité un État[1]. Ceci trouve une illustration dans l'hypothèse des États faillis et des États occupés ou annexés. Le maintien de la reconnaissance vient alors remédier à l'absence d'un ou de plusieurs des éléments constitutifs de l'État. Par exemple, malgré l'absence de gouvernement effectif à partir de 1991, la Somalie (et plus généralement les États faillis) n'a pas été confrontée à la remise en question de son statut étatique, là où Boutros Boutros-Ghali affirmait pourtant que « A State that loses its Government (…) loses its place as a member of the international community »[2]. La reconnaissance par les autres États vient alors jouer un rôle primordial dans la capacité de la Somalie à maintenir son statut d'État.

Le même raisonnement s'applique aux États annexés ou occupés. Ce qui contribue fortement à leur survivance c'est le maintien de la reconnaissance de l'État, parallèlement à la non-reconnaissance de la situation illicite qui découle de l'annexion ou de l'occupation. La différence avec le cas des PEI est qu'avec les États annexés ou occupés, il existe une obligation de non-reconnaissance de l'annexion ou de l'occupation, née de

---

[1]LAUTERPACH, H., *Recognition in International Law*, Cambridge University Press, 1947, cité par MAREK, K., *op.cit.*, p.133.

[2] BOUTROS-GHALI, B., *The United Nations and Somalia 1992-1996*, United Nations, 1996, p.87.

la violation d'une norme impérative[1]. Tandis qu'avec les PEI, un tel seuil est très loin d'être atteint.

Sur la base de ce raisonnement, il est possible de conclure que le maintien de la reconnaissance sera crucial pour la survie des PEI menacés de disparition. Comme dans toutes les circonstances exceptionnelles précitées, la reconnaissance pourrait alors combler la perte par les PEI de l'un ou de plusieurs éléments constitutifs. Elle joue un rôle utile dans la consolidation de leur qualité étatique. Elle ne sert plus à constater l'existence des PEI, comme le voudrait la thèse déclarative, mais elle contribue à leur existence même. Dès lors, elle déploie un effet constitutif.

Cependant, la question se pose de savoir jusqu'à quel point les États accepteront de reconnaître la continuité d'États qui ne leur ressemblent plus vraiment. De ce fait, le retrait de la reconnaissance des PEI reste probable, et l'analyse d'une telle hypothèse s'impose.

Le retrait de la reconnaissance a souvent été confiné à la théorie. Par exemple, pour Joe Verhoeven, « (…) le retrait de la reconnaissance est une spéculation très théorique, dont il est malaisé de trouver des applications dans la pratique internationale »[2]. Il est vrai que celui-ci est exceptionnel dans la pratique étatique. Quelques rares cas peuvent être cités. Par exemple, le retrait exprès de la reconnaissance de l'Arménie par les États-Unis en 1920 du fait de la perte de son indépendance, le retrait à la fin des années 1990 par plusieurs États d'Amérique latine et par la Macédoine du nord de la reconnaissance qu'ils avaient accordée à Taïwan[3].

Cette pratique rare ne fait pas du retrait de la reconnaissance une question purement théorique. Elle risque de connaître plusieurs applications dans un contexte marqué par la multiplication des situations étatiques ambiguës, à l'image des États faillis, mais aussi des PEI.

---

[1] Commission du droit international, Projet d'articles sur la responsabilité de l'État pour fait internationalement illicite, Doc. N.U. A/56/10, 2001, art. 41.

[2] VERHOEVEN, J., *op.cit.*, p.657.

[3] PAPIC, T., « De-recognition of States: The Case of Kosovo », *Cornell International Law Journal*, 2021, vol. 53, pp.708-709.

L'une des questions qui se pose est celle de savoir si le retrait de la reconnaissance est possible en droit international. Certains sont d'avis que la reconnaissance d'un État est un acte irrévocable. Pour Devine Dermott par exemple, les États n'ont pas la capacité de retirer la reconnaissance des États existants, ce qui rend tout retrait invalide[1]. À ce propos, l'article 6 de la Convention de Montevideo dispose que « La reconnaissance est inconditionnelle et irrévocable »[2]. Toutefois, cette assertion n'est vraie que lorsque l'État remplit toujours ses éléments constitutifs. En effet, les États gardent la capacité de retirer la reconnaissance qu'ils ont attribuée à un État qui aurait perdu un ou plusieurs de ces éléments. C'est ce qui a été précisé dans le sixième rapport de la CDI sur les actes unilatéraux des États : « (…) un acte de reconnaissance d'État (…) quoique déclaratif, ne peut être modifié, suspendu ou révoqué de façon unilatérale, *à moins que l'une des circonstances susmentionnées ne se produise, comme la disparition de l'État (objet) ou un autre changement de circonstances »*[3].

Certains auteurs vont encore plus loin, en admettant que le retrait de la reconnaissance est une obligation lorsque l'État ne remplit plus les conditions objectives. Pour Hans Kelsen par exemple,

> « Just as the fact has to be established that a given community is a state in an international law sense, so *must* also be established the fact that a community ceases to be a state; (…) This declaration is the *actus contrarius* of the act of recognition »[4].

Le retrait de la reconnaissance n'est donc pas interdit en droit international, et ceci reste vrai que l'on supporte la théorie

---

[1] DEVINE, D. J., « The Status of Rhodesia in International Law », *Acta Juridica*, 1973, p.129. Voir aussi G. Kreijen, *State Failure, Sovereignty and Effectiveness*, Leiden/Boston, *op. cit.*, p. 329.

[2] Convention panaméricaine de Montevideo sur les droits et devoirs des États, 26 décembre 1933, SDN, *Recueil des traités*, n° 3802, p. 36, article 6.

[3] CEDENO, V. R. (Rapporteur spécial), « Sixième rapport sur les actes unilatéraux des États », A/CN.4/534, 30 May 2003], par. 120, p.71. Nous soulignons.

[4] KELSEN, H., « Recognition in International Law: Theoritical Observations », *AJIL*, 1941, vol. 35, no. 4, p. 611. Disponibme sur: Nous soulignons.

déclarative ou constitutive de la reconnaissance. Entre les deux théories, la seule différence à ce sujet réside dans le fait que pour la thèse déclarative, l'extinction de l'État n'est pas le produit du retrait de la reconnaissance, mais plutôt de la disparition de l'objet de cette reconnaissance[1]. En d'autres termes, le retrait de la reconnaissance est un acte inutile et redondant puisque cette reconnaissance devient caduque dès la disparition de l'élément constitutif de l'État. Le retrait ne fait donc que constater la disparition de l'État. Tandis qu'en vertu de la thèse constitutive, le retrait de la reconnaissance est un motif de l'extinction de l'État ; il est un acte essentiel qui met fin à sa vie. Ainsi, ce retrait est un simple certificat de décès dans le cadre de la théorie déclarative, tandis qu'elle est une mise à mort de l'État dans le cadre de la théorie constitutive.

Dans le cas des PEI menacés de disparition où la reconnaissance a des effets constitutifs, la question du retrait de cette reconnaissance acquiert une importance capitale. En raison de ces effets, le retrait ne constitue pas un simple acte permettant de constater l'extinction de ces États, mais elle peut être à l'origine même de leur disparition.

À ce propos, plusieurs auteurs ayant travaillé sur ce sujet sont d'avis que la reconnaissance qui a été attribuée aux PEI pourrait leur être retirée, dès lors qu'ils ne remplissent plus les critères objectifs. Parmi eux, certains soutiennent que ce retrait est certes possible, mais peu probable du fait de certaines considérations de légalité ou de solidarité internationale qui rentrent en jeu. Pour Jenny Grote Stoutenburg par exemple, « (…) states might be prompted to accord continued recognition to an island state that has lost its effective population for reasons of international justice and solidarity (…) »[2].

Cet argument reste cependant très spéculatif et idéaliste.

Concernant les considérations de légalité, il est n'est pas admis qu'à l'instar des obligations de non-reconnaissance en cas de violation de normes impératives du droit international[3], il

---

[1]VERHOEVEN, J., *op.cit.*, p.657.

[2] GROTE STOUTENBERG, J., *Disappearing Island States in International Law*, *op.cit.*, p. 274.

[3] Commission du droit international, Projet d'articles sur la responsabilité de l'État pour fait internationalement illicite, Doc. N.U. A/56/10, art. 41, (2001).

existerait une obligation de « reconnaissance continue » qui pèserait sur les États vis-à-vis des PEI. En effet, la situation de ces États ne peut pas être comparée à celle des États annexés ou occupés. Dans ces derniers cas, l'extinction de l'État est le produit de la violation de l'interdiction du recours à la force, prévue par l'article 2§4 de la Charte des Nations Unies, et qui constitue une norme impérative du droit international. Ainsi, l'obligation de non-reconnaissance qui en découle peut être facilement défendue par des considérations de légalité. Tandis qu'avec les PEI, il est difficile de démontrer que leur disparition est le fruit de la violation d'une obligation, *a fortiori* émanant d'une norme impérative du droit international. La violation des obligations prévues par les accords multilatéraux environnementaux[1], en partie à l'origine du changement climatique, n'est pas (encore) de nature à créer une obligation de non-reconnaissance de l'extinction des PEI, ou de « reconnaissance continue » de leur statut étatique.

Enfin, en ce qui concerne les considérations de solidarité internationale, il convient de rappeler que la reconnaissance reste un acte d'origine politique, libre et laissé à la discrétion de l'État[2]. Les motivations réelles qui poussent les États à reconnaître, ne pas reconnaître, ou à retirer la reconnaissance à certaines entités restent dans certains cas très floues. En guise d'illustration, l'exemple de la Palestine montre que quand il s'agit de la reconnaissance, les États ne sont pas toujours et uniquement animés par une solidarité internationale. Ainsi, cela relève d'une vision idéaliste que d'affirmer que du fait de considérations morales ou éthiques, les États ne retireront pas la reconnaissance qu'ils ont accordée aux PEI. D'autres considérations pourraient prévaloir et ne pas laisser les États indifférents. C'est le cas par exemple des conséquences de la disparition des PEI dans le champ du droit de la mer.

En somme, la pratique montre que dans les situations étatiques douteuses, la reconnaissance peut avoir un effet

---

[1] Tels que la convention cadre des Nations Unies sur le Changement climatique, le Protocole de Kyoto ou encore l'Accord de Paris.

[2] Commission du droit international, Sixième rapport sur les actes unilatéraux des États par M. Víctor Rodríguez Cedeño, Rapporteur spécial, *op. cit.*, p.62, par. 36.

constitutif, ce qui pose un défi à la thèse déclarative qui reste majoritaire. Pour les PEI, cela signifie que le maintien de la reconnaissance peut être primordial pour juger leur « étaticité ». Face à la perte de l'un ou de plusieurs des éléments constitutifs de l'État, le retrait de la reconnaissance des PEI acquiert une importance particulière. Ce dernier est révocable, dès lors qu'un État ne remplit plus les conditions objectives. Pour les PEI, l'improbabilité de ce retrait ne peut pas être déduite de considérations légales ou morales. D'autre part, il est intéressant d'analyser le rôle joué par les organisations internationales dans la reconnaissance des PEI, notamment par la plus universelle parmi elles, l'Organisation des Nations Unies.

Dans son ouvrage sur la pratique de la reconnaissance, John Dugard relevait en effet que l'ONU « has become the collective abriter of statehood through the process of admission and non-recognition »[1].

Bien que cette affirmation mentionne l'admission des États, elle peut être étendue à leur maintien au sein de l'organisation. Ainsi, appliquée aux PEI, cette affirmation peut être interprétée de la manière suivante : à l'avenir, le maintien des PEI au sein de l'ONU (plutôt que leur admission) pourrait être un indice de la préservation de leur qualité étatique.

En tant qu'organisation internationale politique universelle, l'ONU s'est adaptée à de nombreuses reprises aux bouleversements touchant les États. Cependant, par sa nouveauté, l'extinction pure et simple des PEI risque de poser un nouveau défi important à cette organisation.

La perte par les PEI de leur siège au sein de l'ONU semble découler logiquement de la perte de leur qualité étatique. Une telle conclusion peut être déduite des dispositions de la Charte des Nations Unies régissant la qualité de membre de cette organisation. En effet, en vertu de l'article 4, paragraphe 1, de la Charte « Peuvent devenir Membres des Nations Unies tous autres États pacifiques qui acceptent les obligations de la présente Charte et, au jugement de l'Organisation, sont capables de les remplir et disposés à le faire ». L'adhésion à l'ONU, et de

---

[1] DUGARD, J., *Recognition and the United Nations*, Cambridge, Grotius Publications, 1987, p.126.

la même manière le maintien au sein de cette organisation, sont uniquement ouverts aux États. Cela est confirmé par diverses autres dispositions de la Charte qui indiquent que les droits et obligations contenus dans ce texte sont liés au statut d'État[1]. C'est ce qu'a également confirmé la CIJ dans son avis consultatif de 1948 sur *l'Admission d'un État aux Nations Unies*[2].

En plus d'être un État, l'article 4 exige également des membres qu'ils aient la volonté et la capacité de remplir les obligations prévues par la Charte. Déterminée par l'ONU[3], la volonté d'exécuter ces obligations ne devrait pas poser un problème dans le cas des PEI. *A contrario*, la capacité de ces États à les exécuter pourrait être contestable. En perdant toute base territoriale ou personnelle, les PEI pourraient rencontrer de nombreuses difficultés pour honorer ces obligations. Comme le relevaient Robert Starr, Edward Gordon, Wallace Baker et Robert Rosenstock, dans un contexte où l'admission à l'ONU de la plupart des PEI n'était pas encore acquise, les « petits États » ont (et auront) la capacité de respecter les principes fondamentaux prévus par la Charte :

> « Some of the Charter obligations could be carried out without difficulty by very small states: for example, the obligations to settle their international disputes by peaceful means [Article 2(3)]; to refrain from the threat or use of force against the territorial integrity or political independence of any state [Article 2(4)]; (…) »[4].

A contrario, l'exécution des obligations financières, ou celles nécessitant des moyens techniques tels que la mise en place des missions diplomatiques ou la participation aux organes et conférences onusiens, pourrait s'avérer difficile à l'avenir pour les PEI menacés de disparition. Les propos de ces auteurs, alors membres du Sous-Comité sur les structures

---

[1] Voir les articles 2, 32, 35 etc.

[2] CIJ, *Admission d'un État aux Nations unies (Charte, art. 4)*, avis consultatif, *Rec.* 1948, p. 62.

[3] *Ibid*

[4] BAKER, W., GORDON E., ROSENSTOCK, R., STARR, R. I., « The Future Relationship between Small States and the United Nations », *International Lawyer*, 1969, vol. 3, no. 1, article 6, p. 64.

constitutionnelles[1], ont été avancés dans un contexte où se posait encore la question de l'adhésion des « petits États » à l'ONU. Celles-ci risquent de regagner en actualité et en pertinence avec les menaces climatiques qui pèsent sur ces États.

Partant de toutes les considérations liées à l'article 4 de la Charte, il peut est logique de prédire la perte par les PEI de leur qualité de membres de l'ONU. Bien que l'article 4 ne porte que sur l'admission, sa lecture extensive peut amener à conclure la perte automatique de la qualité de membres lorsque les conditions qu'il fixe ne sont plus remplies. Pourtant, la réalité risque d'être toute autre.

En effet, l'analyse de la pratique de l'ONU et de son fonctionnement, débouche plutôt sur la probabilité que les PEI seront maintenus au sein de cette organisation.

D'une part, la pratique onusienne révèle que seules les extinctions volontaires d'États ont entrainé la cessation automatique de la qualité de membres de l'organisation. D'ailleurs, dans ce cas de figure, cette cessation est rarement officialisée ou verbalisée par l'ONU, un ou plusieurs d'États succédant à une ou plusieurs entités étatiques qui ont disparu[2]. Par exemple, lorsque la Syrie et l'Égypte, tous deux membres fondateurs de l'ONU, ont fusionné en 1958 pour former la République Arabe Unie, il a été automatiquement mis fin à leur adhésion. Le même précédent est notable dans le cadre de l'alliance entre le Zanzibar et le Tanganyka pour former la Tanzanie en 1964, ou encore entre le Yémen du Nord et du Sud. Il s'agit là de situations tenant principalement à la fusion, procédé conventionnel par lequel deux ou plusieurs États s'entendent pour former un nouvel État[3].

---

[1] Il s'agissait d'un sous-comité établie au sein de la Commission permanente des Affaires des Nations Unies.

[2] Il convient de relever que la Charte des Nations Unies ne contient aucune disposition relative à la succession des États membres. Ces questions sont plutôt régies par des principes et précédents juridiques qui se sont développés au fil du temps. Voir à ce propos SCHARF, M. P., « Musical Chairs: The Dissolution of States and Membership in the United Nations », *Cornell International Law Journal*, 1995, vol. 28, iss. 1, article 2, pp.33-41.

[3] PASCALE, M-B., *Fiches de Droit international public*, Paris, Ellipses, 2017, 3ème ed., p.9.

La pratique à l'ONU des dissolutions, hypothèse où un État disparaît en faveur de la formation de plusieurs entités étatiques[1], suit cette même logique. Dans le cas de la Tchécoslovaquie par exemple, le ministère des affaires étrangères de l'époque avait informé l'ONU de la dissolution de cet État[2]. En réponse, le conseiller juridique de l'ONU avait diffusé un avis juridique indiquant que « Czechoslovakia has ceased to exist as of 1 January 1993; there was no continuity by an entity under the same or different name. The membership of the United Nations was reduced to 178 as of that date »[3]. Par conséquent, en 1993, l'Assemblée générale avait approuvé l'admission des Républiques Slovaque et Tchèque en tant que nouveaux membres[4].

Ces exemples montrent que dans la pratique onusienne, seules les extinctions volontaires d'États ont donné cours à la perte automatique de la qualité de membre de l'ONU. C'est ce que confirme Jenny Grote Stoutenburg pour qui « (...) where state extinction is *voluntary and contractually agreed*, the principle that membership in international organizations ends when a member ceases to exist as an independent state thus comes to bear »[5]. *A contrario*, un tel raisonnement ne s'applique pas pour l'heure à l'extinction involontaire des États, telle celle que risquent de subir les PEI.

Un autre paramètre qui pourrait jouer en faveur du maintien des PEI à l'ONU est l'absence de toute procédure formelle d'expulsion d'un État qui aurait perdu ses attributs. À défaut d'une telle procédure, il faut se demander si un État qui a cessé

---

[1] *Ibid*

[2] Department of State Cable No. Prague 10971 (Dec. 17, 1992) (captioned «Text of Czechoslovak Diplomatic Note on UN Membership for Czech and Slovak Republics »). Cité par SCHARF, M. P., *op. cit.*, p. 65.

[3] Memorandum from the President of the Council of the International Civil Aviation Organization to the Representative of the Council, ICAO Doc. Pres AK/339, E 1/1.16, at 2 (Jan. 28, 1993) (summarizing U.N. Legal Counsel's opinion). Cité par SCHARF, M. P., *op. cit.*, p. 66.

[4] Ces deux États avaient en effet revendiqué le fait qu'ils assuraient la continuité de la Tchécoslovaquie au sein de l'ONU, demande qui a été refusée. C'est d'ailleurs la raison pour laquelle la perte de qualité de membre de la Tchécoslovaquie a été officialisée expressément par l'ONU.

[5] GROTE STOUTENBERG, J., *Disappearing Island States in International Law*, *op.cit.*, p. 306. Nous soulignons.

d'exister pourrait être expulsé de l'ONU. En effet, le seul mécanisme d'expulsion prévu par la Charte des Nations Unies ne saurait être applicable aux PEI. Prévu par l'article 6, ce mécanisme n'est applicable que « Si un Membre de l'Organisation enfreint de manière persistante les principes énoncés dans la présente Charte (…) ». Or, la disparition des PEI est involontaire, et sur cette base, aucune violation des principes de la Charte ne peut être déduite de cette situation. C'est sur ce vide juridique que se base Nathan Ross pour affirmer le maintien des PEI à l'ONU. Il se pose en effet une série de questions pertinentes:

> « Is the UN General Assembly required to revoke a low-lying State's membership? How would this happen? (…) If a procedure was devised, must other international and regional organisations follow the UN's lead and revoke the State's membership? »[1].

Ces questions ne trouvent pas de réponse dans la Charte, mais pourraient devenir un enjeu dans les prochaines années. Cette lacune a également été relevée par l'ancien Secrétaire général de l'ONU, Boutros Boutros-Ghali. C'est en se référant au cas de la Somalie qu'il affirmait que

> « The Charter of the United Nations provides for the admission to the international community of a country which gains the attributes of sovereignty. (…) It does not, however, provide for any mechanisms through which the international community can respond when a sovereign State loses one of the attributes of statehood. (…) Further reflection by the international community is required on this issue »[2].

En définitive, la pratique et l'analyse des règles de fonctionnement de l'ONU montrent que l'expulsion des États est une hypothèse rare et peu encadrée. Malgré les conditions prévues par l'article 4 de la Charte des Nations Unies, le maintien des PEI au sein de l'ONU reste une forte probabilité. Néanmoins, celui-ci devrait uniquement être perçu comme un sceau de légitimité pour les PEI.

---

[1] ROSS, N. J. (2019), *Low-Lying States, Climate Change-Induced Relocation and the Collective Right to Self-Determination*, *op.cit.*, pp. 138-139.
[2] BOUTROS-GHALI, B., *The United Nations and Somalia 1992-1996*, *op. cit.*, p.87.

En effet, la question reste de savoir si le maintien des PEI au sein de l'ONU pourrait constituer une reconnaissance implicite de leur continuité étatique.

Cette question touche à la thèse de la reconnaissance collective que défend principalement John Dugard. En effet, selon lui, l'octroi à une entité de la qualité de membre de l'ONU est une reconnaissance implicite de son statut étatique. La reconnaissance des États se serait alors collectivisée. Le rôle joué par la Société des Nations (SDN), mais surtout par l'ONU, se serait accru dans ce domaine, au détriment des reconnaissances individuelles faites par les États.

Les avis restent très partagés sur la relation existant entre l'admission à l'ONU et la reconnaissance. Ceux-ci vont d'une franche hostilité à l'idée d'une reconnaissance collective, à l'affirmation que l'admission et le maintien sont une forme moderne de reconnaissance[1]. Ainsi, certains adoptent la même position que John Dugard. Ce dernier cite notamment Hans Kelsen pour qui un État peut transférer sa compétence relative à la reconnaissance des États à une organisation internationale. Il applique cet argument à la Charte des Nations Unies, et selon lui, « (…) it is possible to interpret article 4 to mean that the decision by which the GA upon recommendation of the SC admits a community to membership in the Organization implies the recognition of this community as a State (…) »[2]. Ce point de vue est également partagé par Quincy Wright pour qui « (…) the UN, by admitting an entity to its membership, can properly be said to recognize that entity as a State »[3]. A l'opposé, certains auteurs comme Philip Jessup ou Hersch Lauterpacht refusent les implications de l'admission ou du maintien à l'ONU en matière de reconnaissance[4]. Enfin, d'autres auteurs comme Oscar Schachter ou Bimal Patel ne rejettent pas l'opportunité d'une décision collective sur la reconnaissance.

---

[1] *Ibid*, p 43.

[2] KELSEN, H., *The Law of the United Nations. A Critical Analysis of Its Fundamental Problems*, New York, Frederick A. Praeger Publisher, 1951, p.79. Cité par DUGARD, J., *op.cit*., p. 46.

[3] WRIGHT, Q., «Some Thoughts about Recognition», *AJIL*, 1950, p.548. Cité par DUGARD, J., *op.cit*., p. 49.

[4] DUGARD, J., *op.cit*., p. 42.

Mais à ce sujet, ils exigent un renforcement de la procédure puisque la simple décision d'admission ne serait pas suffisante[1].

Le débat existant autour de la reconnaissance collective à l'ONU n'est pas uniquement de nature doctrinale. Des positions différentes ont en effet été adoptées au sein même des organes de l'organisation. Par exemple, dans son sixième rapport sur les actes unilatéraux des États, le rapporteur spécial, Victor Rodriguez Cedeno, relevait que « La reconnaissance peut intervenir aussi moyennant un acte formulé par une organisation internationale. On songe notamment à l'acte par lequel un État est admis comme Membre de l'ONU »[2]. D'un autre côté, le premier Secretaire général des Nations Unies, Trygve Lie, avait averti que « (…) the UN does not possess the authority to recognize either a new State or a new government of an existing State. To establish the rule of collective recognition by the UN, would require either an amendment to the Charter or a treaty to which all members would adhere »[3].

Certes, il est difficile de distinguer l'admission des États ou leur maintien à l'ONU, de leur reconnaissance collective. La détention du statut d'État est en effet une condition exigée par l'article 4 de la Charte. Cependant, la thèse de la reconnaissance collective comporte plusieurs faiblesses.

D'une part, il semble que cette thèse relève d'un idéal. Elle ne reflète pas la réalité. La reconnaissance individuelle, acte libre et discrétionnaire, est moins vertueuse que la reconnaissance collective exercée dans le cadre d'une organisation internationale. Cependant, la reconnaissance collective ne repose sur aucun fondement juridique, contrairement à la pratique moderne de la non-reconnaissance[4]. Le parallèle ne peut pas être fait entre les deux, dans la mesure où la pratique de la non-reconnaissance

---

[1] *Ibid*

[2] Commission du droit international, Sixième rapport sur les actes unilatéraux des États par M. Víctor Rodríguez Cedeño, *op. cit.*, p. 61

[3] Memorandum on the Legal Aspects of the Problem of Representation in the United Nations, UN Doc. S/1466, 9 March 1950. Cité par DUGARD, J., *op.cit.*, p. 43.

[4] Selon cette doctrine, « un acte ou une situation qui viole une norme ayant le caractère de *jus cogens* est illégal et donc nul et non avenu ». Voir à ce propos DUGARD, J., *op.cit.*, pp.135-155.

exercée dans le cadre de l'ONU tire sa validité de plusieurs sources, telles que la Charte des Nations Unies (l'article 25 notamment), les principes généraux du droit (notamment le principe *ex injuria jus non oritur*) ou encore la coutume[1]. Certains auteurs, comme Hans Kelsen, voient dans l'article 4, paragraphe 2 de la Charte des Nations Unies, un fondement juridique à la reconnaissance collective. Cet article conférerait à l'Assemblée générale et au Conseil de sécurité la compétence de reconnaître les États admis au sein de l'organisation. Il s'agit là d'une interprétation trop extensive de cet article. Pour preuve, à la Conférence de San Francisco de 1945, la délégation norvégienne avait proposé de donner la compétence à l'ONU de recommander la reconnaissance collective des États. Cette proposition n'a pas été adoptée. Ainsi, il n'était pas de l'intention des rédacteurs de la Charte d'assimiler l'admission ou le maintien des États à un acte de reconnaissance collectif[2]. Par conséquent, il paraît excessif d'affirmer que le maintien des PEI à l'ONU constituera une reconnaissance collective de leur continuité étatique.

De surcroît, même si la thèse de la reconnaissance collective à l'ONU venait à être admise, celle-ci ne supplante pas les reconnaissances individuelles faites par les États. En d'autres termes, l'admission ou le maintien d'un État au sein des Nations Unies ne constitue pas une reconnaissance implicite de la part des autres États membres[3]. Bien que la pratique onusienne confirme peu cet argument, celle de la SDN est beaucoup plus

---

[1] DUGARD, J., *op.cit.*, p.135.

[2] AUFRICHT, H., « Principles and Practices of Recognition by International Organizations », *AJIL*, vol. 43, issue 4, 1949, p.690. La pratique de la SDN tranche avec celle de l'ONU où certains États ont pu endosser le fait que l'admission d'un nouvel État constituait pour eux une reconnaissance. Par exemple, au sujet de la reconnaissance de l'ex-République Yougoslave de Macédoine, l'Espagne avait répondu en ces termes « Nous avons déjà reconnu l'ex-République yougoslave de Macédoine le 8 avril 1993, lorsque le Conseil de sécurité (…) a voté en faveur de l'admission de ce nouvel État comme membre à part entière de l'ONU » (Diario de sesiones del Congreso de los Diputados, 1994, no 110, p. 3507., cité par Commission du droit international, Septième rapport sur les actes unilatéraux des États par M. Víctor Rodríguez Cedeño, Rapporteur spécial, 2004, A/CN.4/542., p. 245, par. 65). Il s'agit cependant d'une pratique qui reste minoritaire et d'une situation « incertaine » comme l'a relevé le rapporteur spécial.

[3] *Ibid*, p. 703.

fournie. Par exemple, l'Argentine, la Belgique et la Suisse qui étaient membres de la SDN de 1934 à 1939 ne reconnaissaient pas l'Union soviétique. Son adhésion à la SDN n'a pas non plus conduit à sa reconnaissance[1]. Dans le cadre d'une autre organisation internationale qu'est l'Union africaine, il est également possible de noter que le Sahara occidental est État membre depuis 1982, alors même qu'il n'est pas reconnu par le Maroc, ou encore l'Égypte et la Tunisie.

Enfin, il est douteux que l'admission ou le maintien des États à l'ONU constitue une reconnaissance de leur qualité d'État au sens du droit international. En effet, l'ONU a souvent été laxiste à propos de la condition d' « étatiticité » prévue par l'article 4 de la Charte. La question pourrait alors se poser de savoir si la notion d' « État » contenue dans la Charte des Nations Unies, et sur laquelle reposent l'admission et le maintien des membres, est équivalente à celle de l'État en droit international. À cette question, des auteurs comme Herbert Briggs répondent que le terme « État » contenu à l'article 4 de la Charte a le sens normal du terme en droit international[2]. D'autres comme Lassa Oppenheim ou Helmut Tichy soutiennent que le statut d'État d'une entité diffère selon les problématiques en cause, et qu'une entité qui n'est pas un État au sens propre, peut être considérée comme tel à une fin particulière. Il s'agirait alors moins d'une question de reconnaissance du statut d'État, que de construction ou d'interprétation[3]. L'acceptation d'un tel statut dans un domaine donné ne préjugerait pas nécessairement de cette qualité dans d'autres domaines. Helmut Tichy relève à propos de l'ONU que « There may be 'identity' for the purposes or within the [UN] (…) »[4], l'« identity » renvoyant ici à la qualité d'État.

---

[1] *Ibid*, p.681.

[2] BRIGGS, H., « Community Interest in the Emergence of New States: The Problem of Recognition», *ASIL*, vol. 44, 1950, p.175. Cité par DUGARD, J., *op.cit.*, pp.48-49.

[3] JENNINGS, R., WATTS, A., *Oppenheim's International Law: Introduction and Part I*, London-New-York, Longman, 1996, 9th edition, volume 1, p.121.

[4] TICHY, H., «Two Recent Cases of State Succession – An Austrian Perspective», Austrian Journal of Public International Law, vol. 44, issue 1, p. 120 [emphasis added]. Cité par OSTRUP, A., *op. cit.*, p. 20.

La pratique semble aller dans ce sens. En effet, à plusieurs reprises, l'ONU a admis ou maintenu des membres, alors même que la qualité étatique de ces derniers était contestable. En fonction des circonstances politiques, ou lorsque d'autres considérations juridiques entrent en jeu, l'ONU semble en effet adapter la notion d' « État » prévue par l'article 4. L'exemple le plus illustratif est celui des États décolonisés dans les années 1950-1960, qui ont été admis à l'ONU, alors même que leur qualité d'État était encore douteuse. De même, l'exemple de l'ex-Yougoslavie est également révélateur. En effet, alors même que le Conseil de sécurité avait informé par la résolution 777 (1992) que « (...) l'État antérieurement connu comme la République fédérative socialiste de Yougoslavie a cessé d'exister (...) »[1], celle-ci est restée membre de l'ONU pendant huit ans, avant que la situation ne soit résolue par les demandes d'adhésion de la Serbie et du Monténégro en 2000. Ses droits de participation étaient certes limités, mais elle était tout de même traitée comme un État membre[2].

Ces exemples confirment peut-être que la notion d'État contenue dans la Charte n'est pas forcément celle qui prévaut en droit international. Dès lors, l'admission ou le maintien des membres à l'ONU ne constitue pas une reconnaissance collective de leur statut d'État au sens du droit international. L'ONU peut admettre ou maintenir un État pour les besoins seuls de l'organisation et aux fins de la participation à ses activités[3].

---

[1] Conseil de sécurité, Résolution 777 (1992), adoptée à sa 3116e séance, le 19 septembre 1992.

[2] GROTE STOUTENBERG, J., *Disappearing Island States in International Law*, *op.cit.*, p. 304.

[3] C'est ce raisonnement qu'a appliqué plus récemment la Cour Pénale internationale par rapport à la Palestine. Ayant refusé de se prononcer sur le statut étatique de la Palestine au sens du droit international, l'ancienne Procureure, a relevé plutôt que la décision de la Chambre préliminaire I d'exercer sa compétence dans la situation en Palestine avait été prise « pour les besoins du Statut de Rome », alors même que selon l'article 12 du Statut, « l'État peut, par déclaration déposée auprès du Greffier, consentir à ce que la Cour exerce sa compétence à l'égard du crime dont il s'agit », ce qu'a fait la Palestine en 2015.

Appliqué aux PEI, ces différentes considérations permettent de tirer deux conclusions. À l'avenir, leur maintien au sein de l'ONU ne constituera pas une reconnaissance collective. De plus, celui-ci ne préjugera pas forcément de leur qualité d'États au sens du droit international.

Néanmoins, à défaut d'être une sorte de reconnaissance collective de leur qualité d'État, ce maintien représentera quand même pour les PEI un sceau de légitimité. En effet, la thèse de la reconnaissance collective présente plusieurs faiblesses. Cependant, il convient de reconnaitre que l'admission au sein des organisations internationales, notamment l'ONU, a souvent été utilisée pour assoir ou renforcer la légitimité d'une entité en tant qu'État. L'admission ou le maintien des États produit des effets analogues à ceux de la reconnaissance[1]. Comme le relèvent Robert Starr, Edward Gordon, Wallace Baker et Robert Rosenstock,

> « Membership in the U.N. may be sought as a stamp of legitimacy by any group claiming to represent an independent 'state'. (…) The U.N., as (…) the broadest based international institution is perhaps the obvious point of reference for obtaining such influence »[2].

En atteste l'exemple récent offert par la Palestine. En cherchant à rejoindre certaines organisations internationales, dont l'ONU et l'UNESCO, et à devenir partir à certains traités, dont le Statut de Rome, elle semble à défaut de reconnaissance, vouloir gagner en influence. De la même manière, pour les PEI, le maintien au sein de l'ONU représente un enjeu. Si celui-ci ne préjuge pas la reconnaissance de leur continuité étatique, il offre un moyen de faire valoir différentes prétentions, de faire entendre leurs voix, et de continuer de participer aux activités de l'organisation politique universelle.

---

[1] GRAHAM, M. W., *The League of nations and the recognition of States*, Berkeley, Calif., University of California Press, 1933, p.39. Cité par DUGARD, J., *op.cit.*, p.22.

[2] BAKER, W., GORDON E., ROSENSTOCK, R., STARR, R. I., «The Future Relationship between Small States and the United Nations », *op. cit.*, pp.60-61.

***

Jusqu'ici, l'examen des normes juridiques régissant la perte de l'emprise territoriale des PEI avait pour objectif de déterminer si le droit international apporte une réponse claire au sort des PEI menacés de disparition. Ces normes souffrent de nombreuses lacunes, tant du point de vue des règles qui régissent la qualité étatique des PEI, que de celles qui portent sur ses corollaires. Elles ne permettent pas de préciser avec certitude le destin de ces États face aux menaces du changement climatique.

Ainsi, dans une logique d'anticipation juridique et partant de l'idée que les PEI disparaîtront, plusieurs hypothèses ont été avancées pour préserver la personnalité juridique de ces États.

DEUXIÈME PARTIE

Les hypothèses de préservation de la personnalité juridique des PEI

L'étude des normes applicables à la perte de l'emprise territoriale des PEI a permis de démontrer que les menaces d'extinction qui pèsent sur ces États sont réelles. Leurs conséquences restent néanmoins discutables, et ce en raison des lacunes que présentent les règles de droit international en la matière. Pour autant, la mort des PEI ne semble pas être une fatalité. En effet, malgré la menace de disparition qui pèse sur ces États, ceux-ci pourraient compter sur différentes stratégies pour maintenir une personnalité juridique dans l'ordre international.

Dans un élan de solidarité, plusieurs acteurs (dont la communauté scientifique et les auteurs) se sont penchés sur les solutions et options ouvertes à ces États. Ces dernières sont plus diverses les unes que les autres, les principes juridiques et les logiques qui les sous-tendent étant différentes. Il est néanmoins possible de les classer en deux catégories. En effet, certaines d'entre elles se focalisent sur la préservation de la qualité étatique des PEI (Chapitre 1). D'autres portent plutôt sur le dépassement de cette qualité étatique (Chapitre 2).

CHAPITRE 1

La préservation de la qualité étatique des PEI

1. L'acquisition d'un nouveau territoire par des mécanismes établis en droit international

Diverses solutions ont été proposées dans la littérature. La majorité d'entre elles est traditionnelle, puisqu'elle repose sur une conception de l'État en tant qu'entité territoriale, vision qui domine aujourd'hui en droit international. Ainsi, ces solutions se concentrent avant tout sur la sauvegarde par les PEI d'une base territoriale.

Le territoire étant en effet un élément constitutif essentiel de l'État, il sert également de base physique à la population et au gouvernement. Pour les PEI, la préservation de leur qualité étatique passe nécessairement par la conservation d'une assise territoriale. Face aux menaces qui pèsent sur le territoire et la population des PEI, certains auteurs ont pu proposer le rétablissement de ces États sur une tout autre parcelle de terre[1]. Cette conservation peut d'abord passer par l'acquisition d'un nouveau territoire. Cette acquisition rentre dans le cadre de mécanismes bien établis en droit international.

D'une part, il s'agit du mécanisme d'acquisition du territoire par cession ou par bail.

---

[1] Voir par exemple SOETE, A., *The international legal personality of island states permanently submerged due to climate change effects*, Maklu Publishers, 2021, pp.147-148; GROTE STOUTENBERG, J., *Disappearing Island States in International Law*, *op.cit.*, pp.176-177.

Face à la menace de disparition physique des PEI, la cession d'un territoire à ces États est l'une des solutions privilégiées par les auteurs qui ont écrit sur le sujet. Cette possibilité a également été envisagée par les PEI eux-mêmes. Ainsi, Mohamed Nasheed, l'ancien président des Maldives, avait annoncé en 2008 son intention de créer un fond, alimenté par les revenus tirés du tourisme, et qui fournirait les ressources nécessaires à l'acquisition de nouveaux territoires en Australie, en Inde ou au Sri Lanka[1]. De même, en 2015, le Kiribati a acheté 5460 acres de terres sur la deuxième plus grande île de Fidji, afin de renforcer la production alimentaire et sécuriser un lieu de relocalisation d'une partie de la population ; cet achat fait partie du plan « migration with dignity » développé par le gouvernement kiribatien[2] .

En droit international, la cession de territoire désigne le transfert volontaire par un État d'une partie de son territoire en faveur d'un autre État[3]. L'État renonce ainsi au titre et aux droits détenus sur un territoire à la faveur d'un autre État ; cette renonciation peut notamment passer par une convention ou un traité[4]. La cession peut s'opérer à titre gratuit, s'apparentant alors à une donation, ou au contraire être effectuée à titre onéreux, prenant alors le caractère d'une vente[5].

La possibilité donnée aux États de céder une partie de leur territoire repose en droit international sur les relations entre l'État et son territoire. Ces relations ne sont pas totalement claires. C'est la raison pour laquelle elles ont été discutées, et certains auteurs ont de ce fait proposé différentes théories. Ainsi, c'est sur la théorie du « territoire-objet » que semble reposer la cession de territoire. En effet, selon cette théorie, le

---

[1] HOLLIS, D. B., « Small Sovereign Archipelago Seeks New, Elevated Homeland », *Opinio Juris*, 13 November 2008.

[2] Le Président de la République de Fidj, Ratu Epeli Nailatikau, avait relevé à ce propos que « the people of Kiribati will have a home if their country is submerged by the rising sea level as a result of climate change ». Press Release, « Kiribati buys a piece of Fidji », Climate Change Office of the President of the Republic of Kiribati, March 2014.

[3] SHAW, M. N., *International Law*, *op.cit.,* p.369.

[4] DUPUY, P. M., KERBRAT, Y., *op.cit.,* p. 58.

[5] SALMON, J. (dir.), *Dictionnaire de droit international public*, *op.cit.,* p. 160.

territoire appartient à l'État ; il est ce qu'il possède plutôt que ce qu'il est[1]. Cette théorie a recours à une analogie avec le droit privé puisque l'État exerce sur le territoire un droit réel similaire à celui qu'exerce un propriétaire sur un objet[2]. Par conséquent, comme le relève Krystyna Marek, puisque le territoire constitue la simple propriété de l'État et est extérieur à celui-ci, la perte du territoire n'entraverait pas l'existence de l'État[3]. Née du droit romain, cette théorie a été largement acceptée au cours du 19ème siècle et la première moitié du 20ème siècle et a été défendue par plusieurs auteurs tels que Paul Fauchille et Donato Donati dans leur ouvrage *Stato e territorio*[4]. Cependant, elle n'est plus en vigueur aujourd'hui et s'incline devant d'autres théories, notamment celle du territoire comme « titre juridique essentiel de la compétence étatique »[5]. La critique principale qui lui a été adressée tient à ce qu'elle divise l'État et son territoire, alors que ce dernier fait partie de la personnalité juridique de l'État, et qu'il constitue l'un de ses éléments constitutifs[6].

Bien qu'elle ne soit plus en vigueur, la théorie du « territoire-objet » reste pertinente en ce que la pratique internationale témoigne de plusieurs cas de cessions de territoires, qu'elles aient été faites à titre gratuit ou à titre onéreux. Par exemple, au cours du 19ème siècle et au début du 20ème siècle, plusieurs États ont eu recours à la cession de territoires. Parmi les ventes de territoires, il est possible de citer l'achat par les États-Unis de la Louisiane à la France en 1803,

---

1 STRAUSS, M.J., « La vente et la location de territoire, une solution ? », in GIRAUDEAU, G. (dir), *Les enjeux territoriaux du Pacifique*, Presses Universitaires de Nouvelle Calédonie, 2021, p. 78.

2 BARBERIS, J. A., « Les liens juridiques entre l'État et son territoire : perspectives théoriques et évolution du droit international », *op.cit.,* p. 136.

3 MAREK, K., *op. cit*., pp.18-20.

4 DONATI, D., FAUCHILLE, P., *Stato e territorio,* Roma, Athenaeum, 1924, Seconda edizione, 349 p.

5 FORTEAU, M., MIRON, A., PELLET, A., *op. cit.*, p.456. Pour un exposé des différentes théories sur les relations entre l'État et le territoire, voir BARBERIS, J. A., « Les liens juridiques entre l'État et son territoire : perspectives théoriques et évolution du droit international », *op.cit.,* pp. 134-147.

6 BARBERIS, J. A., *op.cit.,* p. 136.

de l'Alaska à la Russie en 1867, des Philippes à l'Espagne après la guerre de 1898 ou encore des Îles vierges américaines au Danemark en 1917[1]. En ce qui concerne les cessions de territoire à titre gratuit, celles-ci peuvent être illustrées par la cession de Nice et de la Savoie à la France par l'Italie en vertu du Traité de Turin de 1860, la cession de l'Alsace-Lorraine à l'Allemagne par la France par le Traité de Francfort de 1871 ou encore la cession des villes de Tende et de la Brigue par l'Italie à la France avec le Traité de Paris de 1947[2]. Également, la cession gratuite d'un territoire, consécutive à une catastrophe environnementale trouve un précédent dans les années 1870. Lorsque l'Islande a subi une éruption volcanique, le Canada avait réagi en lui accordant une parcelle de son territoire[3]. De telles cessions de territoires restent cependant très rares aujourd'hui.

Ainsi, la cession reste une pratique conforme au droit international. De ce fait, sur le plan légal, rien n'empêche un PEI de se reconstituer sur le territoire cédé par un État tiers.

Sur le plan juridique, cette solution semble d'ailleurs être la plus efficace pour la préservation de la qualité étatique des PEI[4]. En effet, avec la cession d'un territoire aux PEI intervient un transfert de souveraineté. Si un PEI obtient un nouveau territoire par cession, il lui sera cédé la souveraineté intégrale sur ce territoire. Dès lors, en bénéficiant d'un nouveau territoire, en y relocalisant leur population et en y exerçant leurs différentes compétences, les critères objectifs des PEI seront préservés. Dès lors, leur continuité étatique pourra être assurée.

Néanmoins, bien que cette solution soit attrayante, plusieurs difficultés peuvent se présenter. Ces dernières sont moins des obstacles juridiques que pratiques. En effet, trois séries

---

[1] STRAUSS, M.J., *op.cit.*, p. 80.

[2] DUPUY, P. M., KERBRAT, Y., *op.cit.*, p. 58.

[3] ESTEBAN, M., YAMAMOTO, L., *Atoll Island States and International Law: Climate Change Displacement Sovereignty*, New York Dordrecht London, Springer, 2016, p. 188.

[4] WONG, D., *op.cit.*, p.382; RAYFUSE, R., « W(h)ither Tuvalu? International Law and Disappearing States », *UNSW Law Research Paper*, 2009, n.9, p. 8; SHARON, O., « To be or not to Be: State extinction through climate change », *op.cit.*, p.25.

d'obstacles peuvent se présenter dans le cadre de la cession de territoires aux PEI.

D'abord, la cession de territoire implique une coopération entre les PEI et les États tiers. Bien que l'achat par le Kiribati de terres aux Fidji montre le contraire, les perspectives de cette solution sont décourageantes[1]. En effet, il est peu probable qu'un État accepte de céder, avec ou sans compensation financière, une partie de son territoire. Dans une ère marquée par une « obsession du territoire »[2], il sera difficile de trouver un État volontaire, qui accepterait d'abandonner et d'aliéner sa souveraineté sur une partie de son territoire. Mis à part les cessions de territoires effectuées au profit des États-Unis, la pratique montre qu'historiquement, les cessions sont rarement désintéressées. Beaucoup de cessions ont été réalisées dans le cadre de traités de paix[3], et c'est par exemple le cas de la cession de l'Alsace-Lorraine par l'Allemagne en faveur de la France, après la Première Guerre mondiale, dans le Traité de Versailles. Or, pour l'heure, il semble y avoir peu, voire aucun avantage significatif que les États pourraient tirer de la cession de territoires aux PEI.

De plus, pour un État souhaitant céder une partie de son territoire aux PEI, cette opération nécessite la prise en compte de plusieurs considérations sociales, politiques et économiques. En effet, lorsque le territoire cédé est habité ou qu'il est pourvu d'une certaine utilité ou finalité, sa cession devrait se faire dans le respect des principes fondamentaux du droit international, parmi lesquels le droit des peuples à disposer d'eux-mêmes. À cet égard, le transfert d'un territoire devrait par exemple reposer sur l'accord de sa population et serait difficilement envisageable sans leur consultation[4].

---

[1] SHARON, O., *op.cit.*, p.25.

[2] SCELLE, G., « Obsession du territoire. Essai d'étude réaliste de droit international », in Symbolae Verzjil présentées au professeur J. H. Verzjil à l'occasion de son LXXème anniversaire, La Haye, Nijhoff, 1958, not. P.361.

[3] SHAW, M. N., *International Law*, *op.cit.*, p.369.

[4] DUPUY, P. M., KERBRAT, Y., *op.cit.*, p.61 ; COLARD-FABREGOULE, C. « Disparition d'États insulaires et caractéristiques juridiques de l'État. Sort des populations au regard de la nationalité et du droit des peuples », in Christel COURNIL, C. VLASSOPOULOS (dir.), *Mobilité humaine et environnement. Du global au local,* Éditions Quæ, 2015, p. 79 ; COSTI, I.,

Ensuite, la cession comporte de nombreux problèmes pratiques dans la mesure où elle implique une relocalisation de la totalité ou d'une partie des populations insulaires. Ainsi, l'acquisition d'un nouveau territoire s'accompagne de nouvelles problématiques liées par exemple à la réinstallation en masse des populations, les questions foncières, le maintien de la culture et des traditions malgré le changement d'environnement etc. À ce propos, rares sont les exemples d'une relocalisation de masse, mis à part les migrations internes d'une partie d'un territoire étatique à une autre région proche appartenant au même État.

Enfin, pour les PEI, il peut également se poser le problème du financement de la cession d'un territoire transféré à titre onéreux. Dans la mesure où l'intégralité de ce type de cessions a été faite entre pays développés, et en particulier par les États-Unis, il peut se poser pour les PEI, dont les économies sont encore faibles, la question du financement d'un tel achat de territoire. De plus est, à l'achat du territoire s'ajoute le financement de la relocalisation de la population.

En somme, la cession de territoire est certes l'une des solutions les plus efficaces pour assurer aux PEI une continuité étatique. Elle reste cependant peu viable du fait de nombreux problèmes pratiques qui pourront se poser. À l'instar de la cession, la location d'un territoire a également été proposée.

Tout comme la cession, la location d'un territoire est également conforme au droit international et semble tout autant être fondée sur la théorie du « territoire-objet ». Elle a également été proposée comme solution afin de préserver la qualité étatique des PEI[1].

« Urgence climatique : l'obligation de prévenir la disparition de l'État », *op. cit.*, p. 262.

[1] Voir à ce propos COLARD-FABREGOULE, C. « Disparition d'États insulaires et caractéristiques juridiques de l'État. Sort des populations au regard de la nationalité et du droit des peuples », *op. cit.*, p.79 ; A., *The international legal personality of island states permanently submerged due to climate change effects*, *op. cit.*, pp.148-149 ; MCADAM, J., « Disappearing States, Statelessness and the Boundaries of International Law », *op. cit.*, pp.15-16.

Contrairement à la cession, la location désigne une opération par laquelle un État transfère à un autre État, pour un temps déterminé, le droit d'exercer des pouvoirs souverains sur une partie de son territoire[1]. Pour Michael Strauss, le bail territorial est un traité ou un accord impliquant le consentement de la part de deux États et présentant plusieurs caractéristiques. Notamment, le bail autorise l'État à exercer des éléments de sa souveraineté sur le territoire loué, créant ainsi une relation de droit privé semblable à celle existant entre un bailleur et un locataire[2]. Quant à sa durée, le bail territorial peut prendre différentes formes : celle d'une location à durée déterminée avec une date d'expiration à laquelle les droits de l'État locataire s'éteignent sur le territoire, celle d'une durée déterminée avec un renouvellement automatique en l'absence d'action de la part de l'une des parties pour y mettre fin et enfin, dans de rares cas, celle de la perpétuité[3].

La location d'un territoire aux PEI est une solution envisageable, d'autant plus que les précédents juridiques sont nombreux en la matière. Les baux territoriaux ont pris de l'importance au 19ème siècle, puisqu'ils constituaient principalement un moyen d'obtenir le contrôle de zones stratégiques sans avoir à les annexer[4]. Ce fut le cas des droits acquis par la Grande-Bretagne sur les Nouveaux Territoires fusionnés avec Hong Kong et établis entre lui et l'Empire chinois sous la dynastie Qing en 1898. Il s'agissait alors d'un bail d'une durée de 99 ans qui a pris fin en même temps que la rétrocession de Hong-Kong à la Chine en 1997[5]. Le phénomène des baux territoriaux a ensuite été réactivé pendant la guerre froide, au profit des États-Unis et de l'Union soviétique. Pour des raisons stratégiques, ces derniers ont obtenu à bail de

---

[1] SALMON, J. (dir.), *Dictionnaire de droit international public*, *op.cit.*, p. 161.
[2] STRAUSS, M.J., *op.cit.*, p. 80.
[3] *Ibid*, p.82.
[4] SHAW, M. N., *International Law*, *op.cit.*, p. 401.
[5] LEBOUCQ, F., « Hong Kong, de la rétrocession, le 1er juillet 1997, à la répression », RFI, 28/06/2022.

nombreux territoires, notamment des îles, afin d'y installer des bases militaires[1].

Comme les cessions de territoires aux PEI, la location présente aussi de nombreux obstacles. En plus des difficultés pratiques présentées dans le cadre de la cession et valant également pour la location de territoire, s'ajoutent également un certain nombre d'obstacles juridiques. Ceux-ci sont de deux ordres.

D'une part, il convient de relever qu'en droit international, le régime juridique des baux territoriaux soulève des interrogations quant à la souveraineté qui s'exerce sur le territoire loué. En effet, contrairement à la cession, la souveraineté de l'État bailleur reste intacte sur le territoire loué. De ce fait, les droits souverains acquis par l'État locataire sur ce territoire sont relatifs, le titre juridique sur celui-ci demeurant entre les mains de l'État bailleur[2]. Ainsi, l'État locataire n'exerce que quelques compétences sur le territoire, celles-ci étant également temporaires. Comme le relève à ce propos Cathérine Colard-Fabregoule, la location de territoire entre États n'est pas un transfert de souveraineté, mais plutôt « un transfert de compétences qui se produit et qui permet (…) de produire des actes d'administration, de juridiction et de police (…) »[3]. Or, en droit international, l'exercice de la souveraineté territoriale s'accompagne de la maîtrise du territoire, celle-ci englobant son contrôle effectif, l'intégrité territoriale et le pouvoir de contrainte. Dans l'affaire de l'*Ile de Palmas*, l'arbitre Max Huber définissait la souveraineté territoriale comme le droit d'exercer sur un territoire, à l'exclusion de tout autre État, les fonctions étatiques, et que la souveraineté territoriale appartient en principe à un État[4].

Sur ce point, James Crawford affirme aussi que « (…) international law defines 'territory' not by adopting private law

[1] COLARD-FABREGOULE, C. « Disparition d'États insulaires et caractéristiques juridiques de l'État. Sort des populations au regard de la nationalité et du droit des peuples », *op. cit.*, p.79.
[2] SHAW, M. N., *International Law*, *op.cit.*, p. 401.
[3] COLARD-FABREGOULE, C., *op. cit.*, p.79.
[4] CPA, *affaire de l'Ile de Palmas (États-Unis c. Pays-Bas)*, sentence du 04 avril 1928, p.8. (Traduction libre).

analogies of real property, but by reference to the extent of government power exercised, or capable of being exercised with respect to some area and population »[1].

Dès lors, se pose pour les PEI la question de savoir si un espace sur lequel s'exercent temporairement différentes souverainetés peut satisfaire l'exigence du territoire, et ainsi leur assurer une continuité étatique. De plus, à moins que la location du territoire ne comprenne une renonciation expresse de la part des États bailleurs de la souveraineté sur le territoire loué, le défi des PEI et des États bailleurs sera également de déterminer la portée des compétences respectives que chacun d'eux exercera sur le territoire[2].

D'autre part, pour éviter toute insécurité juridique, les PEI seront éventuellement dans l'obligation de négocier un bail territorial à perpétuité. Ce dernier reflète l'intention des parties d'établir un arrangement permanent qui exclut toute possibilité de résiliation[3]. Ces baux perpétuels existent en pratique. Mais ils ont souvent été critiqués dans la mesure où ils établissent un régime parfois flou, qui se trouve à la frontière entre la limitation de la souveraineté de l'État bailleur et la perte totale de sa souveraineté[4]. C'est le cas du traité américano-cubain de 1903 qui accorde aux États-Unis un bail à perpétuité sur le territoire de Guantanamo ; en 1934, un nouveau traité affirme que ce bail prendra fin uniquement lorsque les États-Unis abandonneront la base, ou par accord entre les deux parties[5].

Ainsi, la durée du bail conclu par les PEI sera déterminante. Toute asymétrie dans le contrat, ou l'existence de clauses imprécises sur la durée et les conditions du bail, pourra sur le long terme être fatale pour la viabilité des PEI en tant qu'États reconstitués sur un territoire loué.

En définitive, pour assurer la continuité étatique des PEI, il est envisageable de leur octroyer une nouvelle assise

---

[1] CRAWFORD, J., *The Creation of States in International Law*, *op. cit.*, p.56.
[2] COSTI, I., *op. cit.*, p. 261.
[3] STRAUSS, M.J., *op.cit.*, p. 82.
[4] COLARD-FABREGOULE, C., « Changements climatiques et perspectives de disparition physique du territoire de l'État », *Annuaire Français de Relations Internationales*, vol. XII, 2011, p.100.
[5] SHAW, M. N., *International Law*, *op.cit.*, p. 401.

territoriale, par cession ou par la location d'un territoire. Mais dans les deux cas, plusieurs obstacles peuvent se poser. En ce qui concerne la cession, ceux-ci sont surtout pratiques, tandis qu'avec la location, ils sont également juridiques puisqu'ils posent la question importante de la souveraineté sur le territoire loué. Ces deux solutions partagent une difficulté principale. Celle-ci est liée au fait qu'il s'agit d'opérations dépendant de la bonne volonté des États tiers. C'est pourquoi certains auteurs ont pu réfléchir à l'hypothèse du « remedial territory », ou le droit des PEI à un nouveau territoire.

Le concept de « remedial territory » a été défendu par Emma Allen dans le contexte particulier de la menace de disparition des PEI. Ce concept repose sur l'idée que les PEI menacés de disparition auraient « droit » à un nouveau territoire. En guise de réparation pour les effets induits par le changement climatique, il existerait une obligation pesant sur les principaux États responsables de transférer un territoire aux PEI. Ainsi, comme le relève Emma Allen,

> « (…) remedial territory [is] territory tranferred from responsible to injured states as redress for climate change induced deterritorialization. (…) it is considered whether at least some emitting third states may be obliged to provide a portion of their territory as reparation (…) »[1].

Bien que n'employant pas l'expression de « remedial territory », d'autres auteurs se sont également penchés sur une telle hypothèse. Ainsi, dans un chapitre intitulé « Is there a Right to Territory in International Law? », Alexandra Harrington soutient que dans le contexte du changement climatique, les États menacés d'extinction devraient avoir un droit au transfert d'un territoire, et plaide pour la reconnaissance de celui-ci [2]. Enfin, pour Frederik Von Paepcke, en guise de réparation pour les conséquences du changement climatique

---

[1] ALLEN, E., « Climate Change and Disappearing Island States: Pursuing Remedial Territory », *Brill Open Law, 2018*, p.3.

[2] HARRINGTON, A., « Is there a Right to Territory in International Law? », in SMITH, J. (ed.), *Property and Sovereignty: Legal and Cultural Perspectives*, Abingdon, Routledge, 2016, pp.59-81.

subies par les PEI, le transfert d'un territoire par les émetteurs historiques de GES est la solution la plus appropriée[1].

Le concept de « remedial territory » découle de l'application du régime de la responsabilité internationale de l'État pour fait internationalement illicite, tel que codifié par la CDI dans son projet d'articles de 2001. En effet, le « remedial territory » est ici considéré comme une conséquence de la responsabilité des États industrialisés pour l'émission excessive de GES, et par conséquent, pour la survenance du changement climatique. À titre de réparation, les grands émetteurs de GES pourraient alors être tenus de fournir un nouveau territoire aux États lésés.

Ce concept doit également être replacé dans le contexte général des réflexions existant autour des « climate change reparations »[2]. Initiées dans le cadre du Plan d'action de Bali de 2007 et du Mécanisme international de Varsovie relatifs aux pertes et préjudices établi en 2013 lors de la COP19, ces réflexions consistent à déterminer les éventuels moyens de remédier aux pertes et dommages associés aux conséquences du changement climatique, en particulier dans les relations entre les pays en développement qui y sont particulièrement vulnérables et les pays industrialisés[3]. C'est face à la réticence des pays développés de transformer le mécanisme de perte et préjudice en régime de responsabilité, de réparation ou de compensation[4] que l'intérêt a été renouvelé pour le régime de la responsabilité internationale de l'État. C'est ainsi que le concept de « remedial territory » suit cette tendance.

Bien qu'il puisse paraître très original et novateur, ce concept renvoie en réalité à quelques principes généraux, voire à une pratique qui existe déjà en droit international. En effet, celui-ci trouve quelques échos dans certains domaines où le

---

[1] VON PAEPCKE, F., Statehood in Times of Climate Change: Impacts of Sea Level Rise on the Concept of States", Bern, Peter Lang AG, 2014, p.169.

[2] MAYER, B., « Climate Change Reparations and the Law and Practice of State Responsibility », *Asian Journal of International Law*, 2017, vol.7, pp.185-216.

[3] *Ibid*, p.185.

[4] À ce propos voir MALJEAN-DUBOIS, S., « Au milieu du gué : le mécanisme de Varsovie relatif aux pertes et préjudices liés aux changements climatiques », pp.123-134.

droit international admet le transfert d'un territoire en guise de réparation.

Dans le commentaire des articles de la CDI sur la responsabilité de l'État, et notamment de l'article 35 sur la restitution, il est précisé que celle-ci peut prendre la forme « d'une restitution de territoire »[1].

De plus, dans la Déclaration des Nations Unies sur les droits des peuples autochtones de 2007[2], l'Assemblée générale se base sur les injustices subies par ces peuples « à cause (...) de la dépossession de leurs terres, territoires et ressources (...) »[3] pour relever que dans le cas d'une telle dépossession, ces peuples ont droit à une réparation qui peut prendre la forme « de terres, de territoires et de ressources équivalents par leur qualité, leur étendue et leur régime juridique (...) »[4]. Bien qu'il s'agisse d'une déclaration, certains des principes dégagés par l'Assemblée rappellent le concept du « remedial territory » en ce que les peuples autochtones bénéficient d'un territoire en guise de réparation pour les terres confisquées. La comparaison avec les PEI reste néanmoins imparfaite car il s'agit là d'États souverains dont la proportion du territoire disparu ou inhabitable dépasse en principe celle des terres confisquées aux peuples autochtones.

Par ailleurs, Emma Allen relève à juste titre que ce concept a été utilisé dans la jurisprudence. Elle cite à ce propos l'affaire *Endorois c. Kenya* de 2010 rendue par la Commission africaine des droits de l'homme et des peuples. Le gouvernement kényan avait expulsé de leurs terres les Endorois, une communauté pastorale kényane, afin d'y installer un site touristique. La Commission a précisé que le Kenya avait violé les droits fondamentaux prévus par la Convention africaine des droits de l'homme et des peuples, et l'a condamné à restituer aux Endorois leurs terres, ou d'autres de même étendue, à titre de

---

[1] CDI, Projet d'articles sur la responsabilité de l'État pour fait internationalement illicite et commentaires y relatifs, *Annuaire de la Commission du droit international*, 2001, vol. II (2), p.258.

[2] Assemblée générale, Résolution 61/295, Déclaration des Nations Unies sur les droits des peuples autochtones, 13 septembre 2007, A/RES/61/295.

[3] *Ibid*, Préambule, p. 2.

[4] *Ibid*, art. 28§2, pp.8-9.

réparation[1]. Les exemples jurisprudentiels de restitution ou de transfert de nouvelles terres aux peuples autochtones sont encore nombreux[2]. Ainsi, tout comme la déclaration sur les droits des peuples autochtones, cette jurisprudence montre qu'en dehors de la situation des PEI, le concept de « remedial territory » a pu être mobilisé en droit international.

Ce concept reste très attrayant pour les PEI, ainsi que pour tous ceux leur suggérant une acquisition territoriale. Il permettrait alors d'obliger les États industrialisés à transférer aux États lésés un territoire en guise de réparation.

Cependant, la mise en œuvre de ce concept reste délicate en pratique. Celle-ci fait en effet face à de nombreux obstacles. Ces derniers tiennent aux particularités du régime de la responsabilité de l'État en droit international. Ainsi, deux séries d'obstacles peuvent être relevées.

Tout d'abord, avant même d'envisager l'application de ce concept, un obstacle politique majeur peut s'opposer à l'engagement de la responsabilité des États industrialisés du fait du changement climatique. En effet, au vu des pressions politiques déjà exercées sur les PEI, il est peu envisageable que ceux-ci engagent la responsabilité des pollueurs historiques. L'exemple de Palau le montre bien. Ce dernier avait initié en 2011 une campagne pour que l'Assemblée générale saisisse la CIJ d'un avis consultatif sur la question de la responsabilité des États en matière de changement climatique. Devant les menaces des États-Unis portant sur l'interruption de l'aide au développement dont dépend fortement le Palau, ce dernier a dû renoncer à cette campagne[3]. Plus tôt encore en 2002, le Tuvalu avait annoncé son intention de saisir la CIJ contre l'Australie, sans y donner une suite[4]. De plus, la nature consensuelle du contentieux interétatique rend difficile l'examen d'une telle réclamation par les juridictions internationales, telles que la CIJ.

---

[1] ALLEN, E., *op. cit.*, p.17.

[2] Voir ROBBINS, J., « Rendre les terres aux autochtones pour mieux les protéger », *Courrier international*, 21 juillet 2021.

[3] MALJEAN-DUBOIS, S., « À quand un contentieux interétatique sur les changements climatiques ? », *Questions of International Law*, Editoriale Scientifica, 2021, p.23.

[4] *Ibid*, p. 22.

Ensuite, comme le relève Sandrine Maljean-Dubois, « le droit international est plutôt mal outillé en ce qui concerne la responsabilité pour les dommages climatiques »[1]. En effet, en matière de changement climatique, l'engagement de la responsabilité de l'État peut s'avérer complexe. Cette complexité est notable au moment d'établir les conditions d'engagement de cette responsabilité. En ce qui concerne l'identification du fait internationalement illicite, la détermination de l'obligation primaire est mise au défi par l'imprécision des conventions internationales en matière climatique, mais aussi celle des principes coutumiers en la matière[2]. Également, du fait de la multiplicité des pollueurs, l'imputation du fait illicite risque d'être une difficulté supplémentaire[3]. Enfin, à cela s'ajoutent les problèmes tenant à la détermination du lien de causalité entre le fait illicite et le dommage.

Par rapport au régime de la responsabilité internationale de l'État, le « remedial territory » présente également quelques ambiguïtés et paradoxes qui sont propres à concept, si bien que son application aux PEI semble être vouée à l'échec. Ceux-ci sont de deux ordres.

D'une part, il est en principe préférable pour les PEI que l'acquisition de nouvelles terres se fasse avant la submersion de leur territoire, ou avant que celui-ci ne devienne inhabitable. En effet, pour ces États, l'acquisition d'un nouveau territoire a pour principal objectif de prévenir l'extinction de leur qualité étatique. Dès lors, le concept de « remedial territory » aurait donc prétention à s'appliquer avant la survenance du dommage, à savoir la disparition ou l'inhabitabilité du territoire. La possibilité d'une telle réclamation internationale est à reconsidérer si le dommage en question n'est pas encore survenu. Certes, comme le relève Emma Allen, « In some instances (…) inundation has already occurred and (…) several

---

[1] *Ibid*, p.23.

[2] Ces principes sont notamment l'interdiction des dommages transfrontaliers, et l'obligation de *due diligence.*

[3] VOIGT, C., « State Responsibility for Climate Change Damages », *Nordic Journal of International law*, 2008, vol. 77, nos 1-2, p.20.

low-lying islands have now started to disappear »[1]. Il n'en demeure pas moins qu'il s'agit là de cas encore très isolés. Pour contourner cette difficulté, Frederik Von Paepcke soutient que le dommage subi par les PEI pourrait être établi par les nombreuses et récentes données scientifiques existant en matière de changement climatique[2]. Cet argument reste cependant peu convaincant puisqu'il est contestable qu'en matière de responsabilité, les données scientifiques du GIEC soient suffisantes pour établir le dommage.

D'autre part, l'autre question qui peut se poser est celle de savoir si au sens des articles sur la responsabilité de l'État, la réparation peut englober un transfert de territoire. L'article 34 du projet d'articles dispose en effet que la réparation intégrale doit prendre la forme d'une restitution, d'une indemnisation ou d'une satisfaction. Ainsi, il est difficile d'établir que le transfert d'un territoire tombe sous l'une de ces trois catégories.

En ce qui concerne la restitution, elle consiste, selon l'article 35 du projet, à rétablir la situation qui existait avant que le fait illicite ne soit commis, à moins que celle-ci ne soit « matériellement impossible ». Le commentaire de l'article 35 du projet d'articles précise que la restitution peut être « matériellement impossible » lorsque l'élément devant être restitué a été définitivement perdu ou détruit[3]. Du fait du caractère irréversible des effets du changement climatique et conformément à cet article, la restitution aux PEI de leur territoire submergé ou devenu inhabitable est « matériellement impossible ».

Néanmoins, comme le relève Frederik Von Paepcke, « (...) the granting of a new state territory is the most appropriate legal consequence to establish not the status quo ante but the closest scenario thereto »[4]. Le transfert aux PEI d'un territoire alternatif reste en effet la solution la plus proche de la restitution, et pourrait ainsi s'imposer en tant que réparation.

---

[1] ALLEN, E., *op. cit.*, p.13.
[2] VON PAEPCKE, F., *op. cit.*, p.171.
[3] CDI, Projet d'articles sur la responsabilité de l'État pour fait internationalement illicite et commentaires y relatifs, *Annuaire de la Commission du droit international*, 2001, vol. II (2), p.260.
[4] VON PAEPCKE, F., *op. cit.*, p.169.

Concernant l'indemnisation, elle s'entend souvent d'un paiement monétaire, qui couvre selon l'article 36 du projet, « tout dommage susceptible d'évaluation financière »[1]. Ainsi, dans un large éventail de litiges portant sur des dommages environnementaux, l'indemnisation a pris la forme d'une compensation financière. Ce fut le cas dans l'affaire devant la CIJ de 2018 concernant *Certaines activités menées par le Nicaragua dans la zone frontalière*[2]. Le transfert d'un territoire ne semble donc pas constituer une indemnisation au sens du projet d'articles. C'est uniquement dans la Déclaration de 2007 sur les droits des peuples autochtones que l'Assemblée générale a reconnu dans l'article 28 que « l'indemnisation se fait sous forme de terres, de territoires et de ressources équivalents par leur qualité, leur étendue et leur régime juridique, ou d'une indemnité pécuniaire (…) ». Dans ce cas de figure, l'Assemblée admet donc le transfert de territoire à titre d'indemnisation. Cette pratique reste cependant encore rare pour être élevé au rang de principe établi en droit international.

Enfin, le transfert de territoire ne peut en aucun cas être assimilé à une satisfaction, qui consiste selon l'article 37 du projet d'articles en une reconnaissance de la violation, l'expression de regrets ou la formulation d'excuses.

En somme, malgré son attractivité, le concept de « remedial territory » comporte plusieurs ambiguïtés. Sa mise en œuvre risque également de souffrir des problèmes tenant à l'engagement de la responsabilité des États industrialisés. S'agissant plus généralement de l'acquisition d'un nouveau territoire, d'autres possibilités existent pour les PEI, à savoir la cession et le bail. Mais celles-ci restent également difficiles à mettre en œuvre. C'est la raison pour laquelle afin d'assurer la continuité étatique des PEI, une autre alternative à l'acquisition d'un nouveau territoire a été proposée. Il s'agit de la préservation du territoire des PEI par le recours à des aménagements artificiels.

---

[1] CDI, Projet d'articles sur la responsabilité de l'État pour fait internationalement illicite et commentaires y relatifs, *op. cit.*, p.264.

[2] CIJ, *Certaines activités menées par le Nicaragua dans la région frontalière (Costa Rica c. Nicaragua)*, arrêt du 2 février 2018, indemnisation, *Rec.* 2018, p.15.

2. Le recours à des aménagements artificiels

Afin de préserver leur qualité étatique, les PEI peuvent également recourir à des aménagements artificiels. Ces derniers consistent principalement à protéger et à renforcer le territoire déjà existant. À cet égard, plusieurs solutions ont été proposées. Il s'agira alors d'examiner d'un point de vue juridique les aménagements consistant d'une part en la construction d'installations artificielles, et d'autre part dans l'édification d'îles artificielles.

Tout comme la cession ou le bail du territoire, ces aménagements sont des solutions territoriales qui reposent sur des procédés établis en droit international. Mais contrairement au transfert de territoire, ils constituent des solutions techniques. Bien qu'ils puissent paraître très factuels, ils posent de nombreuses questions et problèmes juridiques. Du fait de la localisation de ces aménagements (en mer), ces problèmes se posent notamment par rapport au droit international de la mer. Mais parce que ces aménagements constituent des solutions territoriales, ceux-ci touchent également au domaine du droit international général relatif au territoire.

Concernant d'abord la construction d'installations artificielles, la pratique témoigne de la diversité de ces installations. Pour les PEI, elles peuvent être réparties en deux catégories.

D'un côté, ces installations peuvent prendre la forme de défenses côtières en soutien au territoire existant.

Les défenses côtières sont des installations qui pourraient protéger plusieurs sections du territoire des PEI contre les phénomènes liés au changement climatique, tels que la montée des eaux, l'érosion côtière ou encore les évènements météorologiques extrêmes. Elles ne font pas l'objet d'une définition précise dans la Convention de Montego Bay, mais elles tombent sous la catégorie générale des « installations »[1] prévue par ce traité.

Sur le plan technique, les défenses côtières sont diverses puisqu'elles englobent toute installation dont la construction vise à protéger les littoraux, à partir desquels sont calculées les

[1] Voir par exemple les articles 56, 60, 80 etc.

zones maritimes des États. Ainsi, elles peuvent englober les digues, les murs, les enrochements, les épis, les brise-lames, les barrières de marée, les gabions et bien d'autres mesures qui stabilisent et protègent les côtes, ainsi que les populations et les infrastructures qui s'y situent[1]. Il convient de relever que la préservation des côtes peut aussi passer par des mesures naturelles telles que le développement de récifs coralliens, d'herbiers, de forêts de mangrove ou encore de zones humides[2]. Mais seules les premières mesures citées revêtent un caractère artificiel, et sont généralement plus efficaces pour protéger les côtes[3].

En droit international de la mer, la préservation des littoraux par des défenses côtières est généralement acceptée. La pratique est d'ailleurs extensive en la matière. Par exemple, le Singapour a utilisé des digues pour protéger près de 80% de son territoire côtier[4]. Les Maldives ont également pu construire une digue autour de sa capitale, Malé[5], mesurant 1,80 mètre de haut et près de 10 km de circonférence[6]. Les efforts déployés par le Japon pour préserver Okinotorishima sont l'exemple le plus illustratif et le plus discuté des défenses côtières. Okinotorishima (également connu sous le nom de *Douglas Reef*) est située dans le Pacifique nord, et comprend deux groupes de rochers reposant sur une plateforme de récif

---

[1] FREESTONE, D., SCHFIELD, C., « Options to Protect Coastlines and Secure Maritime Jurisdictional Claims in the Face of Global Sea Level Rise », in GERRARD, M. B., WANNIER, G. E. (eds), Threatened Island Nations: Legal Implications of Rising Seas and a Changing Climate, Cambridge University Press, 2013, p. 142.

[2] MANOA, P., RESTURE, A., VEITAYAKI, J., « Pacific Islands and the Problems of Sea Level Rise Due to Climate Change », Ocean Policy Research Foundation, Proceedings of International Symposium on Islands and Oceans, 22-23 January 2009, p.64.

[3] *Ibid*

[4] SANCKEN, L. E., « The Price of Sovereignty in the Era of Climate Change: The Role of Climate Finance in Guiding Adaptation Choices for Small Island Developing States », *UCLA Journal of Environmental Law and Policy*, 2020, vol. 38(2), p.226.

[5] GROTE STOUTENBERG, J., *Disappearing Island States in International Law, op. cit.*, p. 162.

[6] LEVISALLES, N., « Les Maldives en mal d'altitude », *Libération*, 21 août 2001.

corallien relativement large[1]. Ceux-ci sont très vulnérables à l'érosion ainsi qu'à la montée des eaux puisqu'ils se trouvent à moins d'un mètre au-dessus de la laisse de haute-mer. Pour les protéger, le Japon a construit à la fin des années 1980 des défenses côtières composées de coraux, plus hautes que ces rochers, et formant autour d'eaux un anneau de 360 degrés[2].

Il convient de noter que la protection artificielle d'une île ne transforme pas celle-ci en une île artificielle. En effet, en vertu de l'article 121 (1) de la Convention de Montego Bay, « une île est une étendue naturelle de terre entourée d'eau qui reste découverte à marée haute ». Bien qu'elles soient protégées artificiellement, les îles entourées de défenses côtières continuent à remplir les caractéristiques prévues par cette disposition : elles sont composées d'une base naturelle de terre, sont entourées d'eau et restent bien découvertes à marée haute. Le fait que la préservation de ces îles soit facilitée par une structure artificielle est sans conséquence sur leur qualité insulaire. Pour Jenny Grote Stoutenburg, ceci est vrai même lorsque seule la défense côtière empêche l'île de devenir un haut-fond découvrant ou d'être complètement submergée[3]. Pour décrire les îles protégées, Soete Anemon utilise l'expression d'« artificially enhanced natural features »[4] qui est différente de celle d'île artificielle.

La pratique internationale confirme ce point de vue. En effet, à l'heure actuelle, les États n'ont pas contesté l'insularité des îles protégées artificiellement par des défenses côtières. Le cas d'Okinotorishima est un exemple parlant. En effet, au-delà de leur simple protection, l'objectif principal du Japon était de revendiquer de vastes zones maritimes à partir de ces ensembles naturels. Mais selon certains États tels que la Chine ou la République de Corée, ceux-ci ne constituent pas des îles au sens de l'article 121(1) de la Convention de Montego Bay, mais plutôt des rochers au sens de l'article 121(3). Ils ne pourraient

---

[1] FREESTONE, D., SCHFIELD, C., *op. cit.*, p. 145.

[2] GROTE STOUTENBERG, J., *Disappearing Island States in International Law, op. cit.*, p. 163.

[3] *Ibid*

[4] SOETE, A., *The international legal personality of island states permanently submerged due to climate change effects, op. cit.*, p.249

donc pas générer l'intégralité des zones maritimes, notamment une ZEE. Dès lors, seule la capacité d'Okinotorishima à générer une ZEE a été contestée. Ni l'illégalité de la fortification, ni ses conséquences sur la qualité insulaire d'Okinotorishima, n'ont été relevées par les États.

Néanmoins, d'autres points de vue existent sur ce point. Pour John Van Dyke par exemple, une requalification est nécessaire dans les cas extrêmes où l'île aurait disparu s'il n'y avait pas eu de défenses côtières. C'est ainsi que par rapport à Okinotorishima, il soutient que les petits rochers dont le Japon a empêché l'érosion et la submersion, doivent être requalifiés en îles artificielles, puisqu'ils n'auraient pas survécu sans une telle intervention humaine[1]. Cette position doctrinale est cependant minoritaire et ne reflète pas fidèlement la pratique des défenses côtières. Bien que ces îles soient protégées par des structures artificielles, elles n'ont pas pour l'heure été qualifiées d'« îles artificielles ».

En installant des protections côtières, les PEI protègeront donc leurs îles de l'érosion voire de la submersion. Par conséquent, ils disposeront non seulement d'une base territoriale, mais ils pourront également empêcher le rétrécissement de leurs zones maritimes.

En effet, comparée aux autres hypothèses, la construction de défenses côtières est l'une des rares solutions permettant aux PEI de maintenir leurs zones maritimes. À l'exception d'un déplacement mineur de la ligne de base induite par l'inondation de certaines parties du territoire ou l'érosion des côtes, les défenses côtières permettront de stabiliser les lignes de bases à partir desquelles sont calculées les zones maritimes. Sur le plan juridique, il s'agit de la solution qui modifie le moins le statut juridique des PEI, et qui engendre le moins de conséquences sur la possession de ces zones[2]. Cependant, sur le plan technique, Miguel Esteban et Lilian Yamamoto précisent que les défenses

---

[1] DYKE, J. M., « Legal Status of Islands-With Reference to Article 121 (3) of the UN Convention on the Law of the Sea », paper presented in Seoul, Korea, 9 December 1999. Cité par GROTE STOUTENBERG, J., *Disappearing Island States in International Law, op. cit.*, p. 201.

[2] GROTE STOUTENBERG, J., *Disappearing Island States in International Law, op. cit.*, p. 163.

côtières « (…) are themselves vulnerable to erosion and their overall effectiveness is not very clear »[1]. La durabilité des défenses côtières peut ainsi s'avérer limitée pour les PEI, contrairement à d'autres installations artificielles plus élaborées, telles que les élévations artificielles de territoire.

Afin de protéger les PEI contre la montée des eaux, le GIEC, de nombreux auteurs, ainsi que des scientifiques, ont proposé l'élévation artificielle de leur territoire. À ce propos, dès 1990, le GIEC avait notamment recommandé que les îles dont l'élévation générale est inférieure à 6 ou 8 mètres, c'est-à-dire des atolls ou des formations similaires, soient élevées en tout ou en partie[2].

Tout comme les défenses côtières, l'élévation artificielle du territoire couvre une multiplicité de procédés techniques. Plus élaborée que les défenses, elle consiste à rehausser de manière artificielle le niveau du territoire et est ainsi principalement dirigée contre la montée des eaux[3].

Ainsi, l'élévation artificielle du territoire des PEI peut couvrir deux situations distinctes. D'une part, elle peut consister en une surélévation du territoire d'origine, ce que Miguel Esteban et Lilian Yamamoto appellent « Elevation of an entire island »[4] ou encore ce que Jenny Grote Stoutenburg désigne sous l'expression d'« Elevation of the Original Island Territory »[5]. D'autre part, elle peut également couvrir la construction de « maisons sur pilotis »[6] ou de « dispositifs flottants »[7].

Concernant la surélévation du territoire d'origine, plusieurs matériaux peuvent être utilisés, tels que les digues de mer, les

---

[1] ESTEBAN, M., YAMAMOTO, L., *Atoll Island States and International Law: Climate Change Displacement Sovereignty*, *op. cit.*, p. 153.

[2] Report of the Coastal Zone Management Subgroup (CZMS), « Strategies for Adaptation to Sea Level Rise, Intergovernmental Panel on Climate Change Response Strategies Working Group », November 1990. Cité par GROTE STOUTENBERG, J., *op. cit.*, p. 49.

[3] *Ibid*, p.159.

[4] *Ibid*

[5] GROTE STOUTENBERG, J., *Disappearing Island States in International Law*, *op. cit.*, p. 165.

[6] ESTEBAN, M., YAMAMOTO, *op. cit.*, p. 157.

[7] GROTE STOUTENBERG, J., *op. cit.*, p. 169.

sédiments de dragage ou autres matériaux provenant d'îles tierces[1] . Ceux-ci servent ensuite à élever le niveau du sol[2]. Plusieurs exemples existent à ce propos. Par exemple, des États tels que les Pays-Bas, ou des municipalités telles que Manhattan, ont couramment recours à cette pratique pour surélever certaines bases de terres habitables[3]. De même, après l'important séisme qui s'est produit le 11 mars 2011 au large du Japon, une grande partie de son littoral a été dévastée[4]. Le séisme a notamment provoqué un enfoncement de certaines terres et a été à l'origine d'un abaissement régional de la partie nord-est du pays d'environ 78 cm. Afin de remédier à cette situation, le Japon a entrepris le rehaussement de certaines parties du littoral, par le biais d'un empilement de sable et de gravier[5].

Concernant les « dispositifs flottants », ils couvrent principalement la construction de maisons sur pilotis ou échasses[6], et de plateformes en acier ou en béton, reliées de façon permanente au fond marin au moyen de pieux, d'échasses ou de chaînes d'ancrage dans le sol[7]. Par exemple, il s'agit d'une pratique répandue dans des pays tels que l'Italie, avec les maisons de Venise, mais aussi dans les stations touristiques des Maldives. Dans un tout autre registre, certains individus ont également eu recours à de tels dispositifs en mer afin de revendiquer la création de nouveaux États; c'est le cas de la « Principauté de Sealand » située sur une ancienne plateforme britannique[8].

Sur le plan pratique, l'élévation du territoire des PEI permet de lutter contre la montée des eaux, dans la mesure où la population ainsi que les infrastructures seraient situées au-

---

[1] *Ibid*, p.49.
[2] SANCKEN, L. E., *op. cit.*, p. 226.
[3] *Ibid*
[4]« 11 mars 2011, le Japon ravagé par un séisme et un tsunami », *INA*, 11/03/2021.
[5] ESTEBAN, M., YAMAMOTO, *op. cit.*, pp.163-164.
[6] *Ibid*, p. 157.
[7] GROTE STOUTENBERG, J., *op. cit.*, p. 169.
[8] Voir à ce propos DENIS, T. A., « Principality of Sealand: Nation Building by Individuals», *Tulsa Journal of Comparative and International Law*, 2002, vol. 10, issue 1, article 9, pp.261-296.

dessus du niveau de la mer. Du point de vue du droit international, il s'agit également d'une solution acceptable et envisageable. Cependant, pour les PEI, elle crée des préoccupations juridiques supplémentaires. En effet, il peut se poser un problème relatif à la territorialité de telles installations, et par conséquent, à leur capacité à générer des zones maritimes. En d'autres termes, il peut se poser la question de savoir si ces installations satisfont au critère territorial de l'État.

Pour les « dispositifs flottants », la réponse est négative. En effet, bien que la Convention de Montego Bay n'offre aucune définition précise des installations et des structures artificielles, les « dispositifs flottants » rentrent vraisemblablement dans cette catégorie, et relèvent ainsi de leur régime juridique. Or, en vertu de l'article 60 (8) de la Convention, « les îles artificielles, installations et ouvrages n'ont pas le statut d'île », et ils ne bénéficient pas de zones maritimes qui leur soient propres. D'emblée, il peut être déduit de cet article qu'à l'image des installations artificielles, les « dispositifs flottants » ne constituent pas un territoire étatique. Mais parce que le droit international de la mer ne se prononce pas sur la territorialité des formations maritimes, mais uniquement sur leur capacité à générer des zones maritimes, cette conclusion peut être débattue.

Ni la CIJ, ni le Tribunal international du droit de la mer, n'ont encore eu l'occasion de se prononcer sur la question de la territorialité des installations et structures artificielles. Cependant, une conclusion peut être tirée de l'opinion dissidente conjointe rendue par les juges Bedjaoui, Ranjeva et Kobor dans l'affaire *Qatar c. Bahreïn* de 2001 devant la CIJ. Celle-ci ne concerne pas directement ce type d'installations, mais porte plutôt sur les hauts-fonds découvrant. Néanmoins, les juges ont pu préciser de façon incidente les caractéristiques d'un territoire étatique, en relevant que « (...) la souveraineté, en droit international, implique un minimum de base terrestre solide qu'on ne rencontre pas dans les formations maritimes affleurantes qui ne sont pas des îles »[1]. Or, en étant relié au fond

---

[1] Opinion dissidente des Juges Bedjaoui, Ranjeva and Koroma, *Délimitation maritime et questions territoriales entre Qatar et Bahrein*, fond, 2001, p. 210.

marin par des structures artificielles et flottant au-dessus de la mer, les « dispositifs flottants » ne rentrent pas dans les critères dégagés ici par les juges.

De plus, dans un jugement rendu en 1978, un tribunal allemand a explicitement nié la nature territoriale des installations artificielles[1]. Ce jugement était relatif à la « Principauté de Sealand », une entité établie sur une ancienne plateforme maritime érigée par le Royaume-Uni, et dont la qualité étatique était revendiquée par certains individus. La Cour administrative de Cologne a pu préciser que la Principauté de Sealand ne constituait pas un État, parce que notamment, elle ne disposait pas d'un territoire. En effet, selon la Cour, le droit international exige que le territoire d'un État soit constitué d'un « segment de la surface de la terre », ou d' « une étendue de terre ». La plateforme artificielle sur laquelle était érigée la Principauté ne répondait pas à une telle exigence. Le fait qu'elle soit reliée au fond de la mer par des pieux de béton n'en fait pas une partie de la surface de la terre. L'étymologie du terme « territoire » (*terra*) montre que seules les zones terrestres peuvent constituer un territoire étatique en droit international[2].

Appliquées aux « dispositifs flottants », ces considérations conduisent à la conclusion que ceux-ci ne constituent pas un territoire, ni au sens du droit international général tel que le montre ce jugement, ni au sens du droit international de la mer. Ainsi, pour les PEI, il s'agit d'une solution qui rendra difficile la revendication d'une continuité étatique et le maintien des zones maritimes.

En ce qui concerne la surélévation du territoire d'origine, aucune juridiction n'a pour l'heure tranché la question de sa territorialité. Mais sa nature territoriale est généralement acceptée dans la doctrine. Pour Miguel Esteban et Lilian Yamamoto par exemple, « Raising a part of an island (…) will not result in it being classed as artificial in the same way that constructing a port often requires the raising and levelling of

---

[1] GROTE STOUTENBERG, J., *op. cit.*, pp. 174-175.

[2] Administrative Court of Cologne (Verwaltungsgericht K.ln), Judgment of 3 May 1978, Case No. 9 K 2565/77, p.511. Cité par GROTE STOUTENBERG, J., *op. cit.*, p.174.

land next to the coastline »[1]. Ils s'appuient en partie sur la pratique, et relèvent que l'élévation des îles est une technique assez répandue, et qui n'a jamais donné lieu à une requalification des îles surélevées en installations artificielles[2]. Lauren Sancken partage ce point de vue car selon elle, « An elevated island is tacitly accepted as being encompassed by UNCLOS's definition of 'island' (art.121.1), and because only 'islands' retain the rights, benefits, and protections of UNCLOS, elevating an existing island does not risk a change in status »[3]. Enfin, à propos des défenses côtières et des surélévations de territoires, Alfred Soons avance que

> « The artificial conservation of an island *once formed by nature* does not result in it losing its international legal status of 'island'. This is the case if the artificial conservation was exclusively intended to preserve the baseline for the purpose of maritime delimitation »[4].

La conclusion proposée par ces auteurs semble correcte au regard du droit international de la mer. En effet, en vertu de l'article 121 (1) de la Convention de Montego Bay, ce qui semble importer pour l'identification d'une île c'est que sa base territoriale soit naturelle et qu'elle soit découverte à marée haute, peu importe que cela soit facilité ou non par des structures artificielles. Dès lors, une « île surélevée » retient sa qualité d'ile, et ce même si la surélévation artificielle reste la seule partie émergée. De plus, dans ses observations devant le tribunal arbitral dans l'arbitrage sur la *Mer de Chine méridionale* de 2016, Philippe Sand affirmait que « A low-tide elevation cannot become a 'rock' or an 'island' merely because it has been subject to some degree of human manipulation. Equally, a 'rock' cannot be upgraded to an 'island' by human

---

[1] ESTEBAN, M., YAMAMOTO, *op. cit.,* p.163.
[2] *Ibid*
[3] SANCKEN, L. E., « The Price of Sovereignty in the Era of Climate Change: The Role of Climate Finance in Guiding Adaptation Choices for Small Island Developing States », *op. cit*., p.225.
[4] SOONS, A., « The effects of a rising sea level on maritime limits and boundaries », *Netherlands International Law Review*, 1990, vol. 37, p.222. Cité par ESTEBAN, M., YAMAMOTO, *op. cit.,* p.162. Nous soulignons.

intervention »[1]. Le contraire pourrait aussi valoir pour lees îles surélevées. C'est ce qui a d'ailleurs été retenu par le tribunal. Ce dernier a précisé que pour déterminer le statut d'une formation maritime donnée, il fallait tenir compte de son « earlier, natural condition, *prior to the onset of significant human modification* »[2]. Ainsi, il est possible de déduire de l'observation du tribunal que la manipulation humaine effectuée sur une île, par le biais d'une surélévation, ne transforme pas celle-ci en une île artificielle. Par conséquent, elle ne perd pas sa nature territoriale.

Pour les PEI, la surélévation de leur territoire est donc une option envisageable sur le plan technique, qui plus est, leur permet également de revendiquer la souveraineté étatique sur ce territoire, ainsi que les zones maritimes qui lui sont attachées.

Mais comme pour les défenses côtières, la question de la viabilité de la surélévation du territoire peut se poser. En effet, face à la montée progressive des eaux, la surélévation du territoire des PEI pourrait s'avérer être une solution temporaire, qui nécessitera alors que les îles soient surélevées au fur et à mesure que le niveau de la mer augmente. Également, la surélévation nécessitera la construction de nouvelles infrastructures, puisque celle-ci impliquera la disparition de celles qui s'empileront sous l'eau[3].

Au regard de tous les obstacles juridiques et techniques que présente le recours aux différents aménagements artificiels précités, une dernière solution territoriale, apparemment plus durable, a été proposée : il s'agit du recours aux îles artificielles.

Dès 1974, Alfred Soons relevait que la mer est de plus en plus envisagée par les États comme « a source of space »[4]. Plus

---

[1] PCA, *In the Matter of an Arbitration under Annex VII of the United Nations Convention on the Law of the Sea (Phil. v. China),* Case No. 2013-19, Hearings on the Merits and Remaining Issues of Jurisdiction and Admissibility, p.18 (Perm. Ct. Arb. 2015).

[2] PCA, *South China Sea Arbitration award (Phil. v. China),* 12 July 2016, Case No. 2013-19, § 306. Nous soulignons.

[3] ESTEBAN, M., YAMAMOTO, *op. cit.,* p.160.

[4] SOONS, H. A., « Artificial Islands and Installations in International Law », Law of the Sea Institute, University of Rhode Island, Occasional Paper Series, July 1974, n.22, p.1.

récemment, Hyun Jung Kim relevait également que de nos jours, « on est présence d'un 'dynamisme côtier (coastal dynamism)' résultant (…) de l'intensification de la convoitise artificielle en mer »[1].

Face au changement climatique, ces différentes observations sont confirmées. En effet, l'on peut noter aujourd'hui une expansion des activités, des installations et des constructions en mer. Dans ce contexte, plusieurs auteurs et institutions publiques proposent aux PEI la construction d'îles artificielles en tant que moyen d'adaptation au changement climatique.

La notion d' « îles artificielles » se retrouve dans plusieurs dispositions de la Convention de Montego Bay[2]. Cependant, elle n'y est pas explicitement définie. Seule la notion d'île est prévue par cette Convention, en son article 121 (1), de sorte que les îles artificielles ne peuvent être définies que par la négative. Ainsi, en vertu de cet article, « Une île est une étendue naturelle de terre entourée d'eau qui reste découverte à marée haute ». Sur la base de cette définition, trois critères de définition de l'île artificielle peuvent être dégagés. Cette dernière, est tout comme l'île, entourée d'eau. Elle est également marquée par une « immobilité » en ce qu'elle doit être une « structure fixe, implantée en mer »[3]. Enfin, l'île artificielle n'est pas une étendue de terre naturelle, mais plutôt « une étendue construite de manière artificielle », donc créée par le biais d'une intervention humaine[4].

Plusieurs dispositions de la Convention prévoient le droit pour les États côtiers de construire des îles artificielles dans les zones maritimes, y compris dans la haute mer. Ce droit s'accompagne aussi d'obligations et de responsabilités. Par exemple, pour les îles artificielles construites dans la ZEE et sur le plateau continental, l'État côtier doit dûment notifier leur

---

[1] KIM, H.J., « Les iles artificielles », in Société Française pour le Droit International, *Iles et droit international*, Paris, Pedone, 2020, p.185.
[2] Voir par exemple les articles 11, 56, 60, 79, 80, 87, 208, 214, 246.
[3] KIM, H.J., « Les iles artificielles », *op. cit.*, p.187.
[4] *Ibid.*

construction[1] et prévenir la pollution pouvant résulter d'une telle construction[2].

En plus de la distinction qui doit être faite entre les îles et les îles artificielles, la Convention de Montego Bay semble aussi établir une distinction entre les îles artificielles d'une part et les autres installations et ouvrages d'autre part. Cette distinction est mal reflétée dans la Convention, puisque celle-ci ne définit précisément aucun de ces termes, et les soumet au même régime juridique. Elle reste cependant importante en ce qui concerne le statut territorial de ces différentes structures.

Dans le contexte d'élaboration de la Convention de Montego Bay, A. M. J. Heijmans faisait la distinction entre d'une part les « permanent, bottombased installations » qui constituent alors les installations et ouvrages, et d'autre part, « artificially shaped elevations of the seabottom which have an essential island character » qui renvoient aux îles artificielles[3]. Également, pour Alfred Soons,

> « The term 'artificial island' will refer to those constructions which have been created by the dumping of natural substances like sand, rocks and gravel. The term 'installation' will refer to constructions resting upon the seafloor by means of piles or tubes driven into the bottom, and to concrete structures »[4].

Ainsi, la différence majeure entre les installations et les îles artificielles tient à leur configuration ainsi qu'au matériel de construction. Alors que les îles artificielles sont fabriquées avec des matériaux naturels tels que le sable, les rochers ou le gravier, les installations sont composées de matériaux tels que le béton et l'acier. De plus, si les îles artificielles sont empilées sur le fond marin pour former une nouvelle zone de terre, les installations sont uniquement reliées au fond de la mer par des

---

[1] Voir les articles 60 (3) et 80 de la Convention de Montego Bay.

[2] Voir l'article 208 de la Convention de Montego Bay.

[3] HEIJMANS, A. M. J., « Artificial Islands and the Law of Nations », *Netherlands International Law Review*, 1974, vol. 21, issue 2, pp. 139-140. Cité par SAUNDERS, I., « Artificial Islands and Territory in International Law », Vanderbilt *Journal of Transnational Law*, May 2019, vol. 52, no. 3, p. 649.

[4] SOONS, H. A., « Artificial Islands and Installations in International Law », *op. cit.*, p.3.

dispositifs tels que les pieux ou les échasses, et sont donc moins stables.

La construction d'îles artificielles n'est pas nouvelle. Il s'agit d'une pratique en expansion, et les motifs de leur installation sont de plus en plus divers. Par exemple, ces îles ont souvent été conçues pour accueillir des activités telles que la construction de ports, d'aéroports, ou d'industries lourdes. Elles permettent également de répondre à des préoccupations relatives à la surpopulation de certaines villes. La population peut-être délocalisée sur ces îles, devenant ainsi de véritables espaces de vie. Ainsi, certains États tels que les Émirats arabes unis, le Danemark, ou encore le Nigeria envisagent ou ont déjà construit de telles îles. À Dubaï, des quartiers résidentiels, affectés au tourisme, ont été établis sur des îles artificielles. Au Japon, les aéroports de Kansai, de Chūbu et de Kobe sont tous situés sur des îles artificielles. Également, le Nigéria est en train de construire « Eko Atlantic », une ville côtière à côté de Lagos, située sur une île artificielle, et qui devrait permettre de lutter contre la pénurie de biens immobiliers, contrer la surpopulation et offrir de nouvelles opportunités économiques[1].

Face aux effets du changement climatique, l'intérêt pour les îles artificielles s'accroît. Leur construction a été suggérée aux PEI comme un moyen d'adaptation à ce phénomène[2]. Certains d'entre eux y ont déjà eu recours, et d'autres l'envisagent. Par exemple, les Maldives ont entrepris un important projet de construction d'une île artificielle appelé Hulhumalé[3]. Cet État a une altitude moyenne de 1,5 mètre au-dessus du niveau de la

---

[1] SANCKEN, L. E., « The Price of Sovereignty in the Era of Climate Change: The Role of Climate Finance in Guiding Adaptation Choices for Small Island Developing States », *op. cit.*, pp.230-231.

[2] Selon le Bureau du Haut-Commissariat des Nations unies aux droits de l'homme, « An adaptive response to climate change aims to strengthen the capacity of societies and ecosystems to cope with and adapt to climate change risks and impacts » (Office of the United Nations High Comm'r for Human Rights, Rep. on the Relationship Between Climate Change and Human Rights, 10th Sess., 15 January 2009, p.12, U.N. Doc. A/HRC/10/61.

[3] GAGAIN, M., « Climate Change, Sea Level rise, and Artificial Islands: Saving the Maldives's Statehood and Maritime Claims though the Constitution of the Oceans », *Colorado Journal of International and Environmental Law Policy*, 2012, vol. 23, no 1, p.86.

mer ; avec le rythme actuel de l'élévation de la mer, 50% de cet État pourrait être submergé d'ici 2100[1]. La superficie d'Hulhumalé est équivalente à celle de la capitale Malé, mais dépasse celle-ci d'un mètre en se dressant ainsi à 3 mètres au-dessus du niveau actuel de la mer[2]. Pour l'heure, cette île sert à contrer l'afflux de population et assurer la gestion des déchets. Elle abrite ainsi de nombreuses infrastructures telles que des écoles, des hôpitaux, des zones commerciales, des zones résidentielles, et en 2016, près de 40 000 habitants y résidaient ; le nombre final escompté est celui de 60 000 habitants[3]. Enfin, à l'annonce du gouvernement maldivien, Hulhumalé est également destinée à servir de lieu d'habitation au cas où ses 202 atolls peuplés disparaitraient du fait de la montée des eaux ou seraient rendus inhabitables avec les effets du changement climatique[4]. Devant le succès de cette île artificielle, d'autres PEI ont également exploré cette piste. C'est le cas par exemple d'Anote Tong, ancien président des Kiribati, qui avait annoncé en 2011 qu'il envisageait de construire des îles artificielles pour contrer la montée des eaux et avait débuté les négociations avec l'Arabie Saoudite[5].

Prima facie, la construction d'îles artificielles est une solution avantageuse pour les PEI. Ceux-ci continueront de disposer d'une assise territoriale, et pourront ainsi préserver leur souveraineté et ce qui en découle, à savoir les droits sur les zones maritimes, mais aussi les valeurs culturelles et liens communautaires. Cependant, cette solution pose plusieurs questions juridiques, dont celle de la territorialité des îles artificielles.

En effet, malgré l'expansion de la construction des îles artificielles, le droit international de la mer reste peu adapté à

---

[1] Submission of the Maldives to the Office of the U.N. High Commissioner for Human Rights under Human Rights Council Res. 7/23 (Sept. 25, 2008). Cité par GAGAIN, M., *op.cit.*, p.80.

[2] GROTE STOUTENBERG, J., *Disappearing Island States in International Law, op. cit.,* p. 169.

[3] Voir Housing Development Corporation. *Ibid*

[4] Maldives Ministry of Housing, Transport and Environment, Background Paper on National Adaptation to Climate Change, 23 March 2009.

[5] MARKS, K., « Sinking Pacific Island Kiribati considers moving to a man-made alternative », *The Independent*, 08 September 2011.

cette utilisation contemporaine de la mer. En droit international de la mer, le régime juridique de ces îles comprend encore de nombreux silences. De plus, la position de ces îles est floue en vertu du droit international général relatif au territoire.

Bien qu'elle ne prévoie aucune définition explicite des îles artificielles, la Convention de Montego Bay les soumet à un régime juridique propre. Ce dernier comprend cependant des silences, parmi eux figurant la question du statut territorial de ces îles.

Du fait de la faible échelle et de la construction ponctuelle de ces îles, la question de leur territorialité pouvait s'avérer être théorique ou sans incidence sur les relations internationales. Mais avec le développement technologique, la multiplication des îles artificielles, et les menaces du changement climatique, cette question devient un enjeu pour les États, tant en droit international de la mer, qu'en droit international relatif au territoire.

Le statut juridique des îles artificielles reste incertain. Il ressort bien de la Convention de Montego Bay que celles-ci ne constituent pas des îles au sens de l'article 121(1). Mais puisque le droit de la mer « ne tranche pas directement les questions territoriales »[1], la question du statut territorial des îles artificielle reste en réalité une énigme.

En s'appuyant sur l'analogie déjà employée, qui consiste à dire qu'une formation maritime donnée constitue un territoire étatique lorsqu'elle a la capacité à générer les zones maritimes, on peut conclure que les îles artificielles n'ont pas un statut territorial. En effet, en vertu de l'article 60(8), celles-ci n'ont pas de zones maritimes propres, à l'exception d'une zone de sécurité[2]. Ainsi, la conséquence traditionnelle attachée à l'existence d'un territoire étatique, qui est celle de générer ces zones maritimes, ne découle pas de l'existence des îles artificielles.

Cependant, d'autres considérations peuvent suggérer le contraire.

---

[1] KIM, H.J., « Les iles artificielles », *op. cit.*, p. 191.

[2] Voir articles 60(4) à (7) de la Convention de Montego Bay.

D'une part, la Convention de Montego Bay place ces îles sous la juridiction des États côtiers, exceptées pour celles situées dans la haute mer qui est un espace non-appropriable[1]. Par exemple, en vertu des articles 56 et 60, les États côtiers ont des droits exclusifs et une juridiction en ce qui concerne la mise en place et l'utilisation des îles artificielles. En d'autres termes, ces îles peuvent être soumises à une occupation effective, et sont susceptibles d'appropriation, tant de caractéristiques attachées en droit international à l'existence d'un territoire et à la souveraineté territoriale.

D'autre part, les îles artificielles semblent entrer dans la définition du territoire étatique dégagée dans la jurisprudence internationale, et précisée par certains auteurs. Selon les juges Bedjaoui, Ranjeva et Kobor, le territoire étatique doit être constitué d'une base terrestre stable[2]. Pour Robert Jennings, un territoire est « a portion of the earth's surface and its resources »[3]. Également, Philippe Jessup relève que « [h]istorically, the concept [of territory] is one of insistence that there must be some portion of the earth's surface which [a state's] people inhabit and over which its Government exercises authority »[4]. Toutes ces définitions se rapprochent de l'affirmation de Max Huber dans la sentence de 1928 sur *l'Ile de Palmas*. En effet, l'arbitre y relève que l'indépendance et souveraineté territoriale s'exercent sur une partie du globe[5]. Bien qu'elle n'ait pas été formée naturellement, mais plutôt par un processus de poldérisation, une île artificielle constitue néanmoins une structure stable et permanente, qui abrite des infrastructures, des habitants, et sur laquelle les États exercent des pouvoirs souverains. Ainsi, à moins que ne soit prise en compte la composition géologique du territoire, les îles

---

[1] Articles 89 de la Convention de Montego Bay.

[2] Opinion dissidente des Juges Bedjaoui, Ranjeva and Koroma, *Délimitation maritime et questions territoriales entre Qatar et Bahrein*, fond, 2001, *op. cit.*

[3] JENNINGS, R. Y., *The Acquisition of Territory in International Law*, Manchester University Press, 1963, p.3. Cité par SAUNDERS, I., *op. cit.*, p.655.

[4] UN SCOR, 3d Year, 383d mtg. at 11, U.N. Doc. S/PV.383 (Dec. 2, 1948). Cité par SAUNDERS, I., *op. cit.*, p.655. Rajouts par l'auteur.

[5] Cour Permanente d'Arbitrage, *affaire de l'Ile de Palmas (États-Unis c. Pays-Bas)*, sentence du 04 avril 1928, *RIAA*, vol. II, p. 838.

artificielles satisfont aux exigences précitées relatives au territoire. Or dans l'affaire du *Différend territorial et maritime* de 2012, la CIJ a précisé, en référence à la définition des « rochers » prévue par l'article 121(3) de la Convention de Montego Bay, que le droit international définit une île selon sa base naturelle et son émersion à marée haute, et ce sans qualification géologique ou morphologique précise[1].

Dans l'arbitrage sur la *Mer de Chine méridionale*, la Cour permanente d'arbitrage s'est également prononcée sur les îles artificielles créées par les activités de poldérisation chinoises, et effectuées sur le récif de Mischief. Elle a relevé sans hésitation que ces activités de poldérisation avaient institué des îles artificielles[2]. Alors qu'elle avait la possibilité de déterminer le statut de ces îles artificielles, la Cour a décidé de se concentrer sur « l'état naturel » du récif de Mischief avant toute intervention humaine. Ainsi, elle a conclu que celui-ci demeurait un haut-fond découvrant[3], alors que selon la description même de la Cour, « China's activities on Mischief Reef are not limited to the creation of new land alone. Chinese construction on the feature has added fortified seawalls, temporary loading piers, cement plants, and a 250-metre-wide channel to allow transit into the lagoon by large vessels »[4]. Cet arbitrage comporte des contradictions. En s'attachant à « l'état naturel » du récif de Mischief, la Cour a créé une fiction juridique selon laquelle ce récif comprend dans les faits des îles et des installations artificielles, mais demeure tout de même un haut-fond découvrant. Cette conclusion découle du principe dégagé plus tôt par la Cour, et selon lequel pour déterminer le statut d'une formation maritime donnée, il fallait tenir compte de sa condition naturelle avant toute intervention humaine[5].

Par conséquent, la question de la territorialité des îles artificielles ne peut pas être déduite de cet arbitrage, alors qu'il

---

[1] CIJ, *Différend territorial et maritime (Nicaragua c. Colombie)*, arrêt sur le fond, 19 novembre 2012, *Rec.*, p. 645, par. 37.

[2] PCA, *South China Sea Arbitration award (Phil. v. China),* award of 12 July 2016, Case No. 2013-19, p. 414, par. 1037.

[3] *Ibid*, p.415, par. 1040.

[4] *Ibid*, p.403, par. 1009.

[5] Ibid, p.132, par. 306.

s'agissait d'une belle occasion pour déterminer leur statut territorial.

Néanmoins, la territorialité des îles artificielles est souvent défendue dans la doctrine. Cette conclusion repose sur plusieurs arguments. Par exemple, la Convention de Montego Bay n'aurait jamais exclu la possibilité que les îles artificielles puissent constituer un territoire[1]. Un examen de la genèse du régime juridique des îles artificielles, et ce depuis la première conférence à la Haye de 1930 sur la codification du droit international, révèle que les îles artificielles ont toujours été assimilées aux îles en ce qui concerne leur territorialité[2]. Et bien que le régime des îles artificielles diffère de celui des îles en ce que la capacité des premières à générer des zones maritimes a été ensuite abrogée, la nature territoriale des îles artificielles resterait incontestable[3]. À l'appui de ces propos peut être citée l'observation faite par la deuxième commission de la Conférence de 1930 sur la codification du droit international. Celle-ci précisait dans un rapport que « la définition du terme île n'exclut pas les îles artificielles, pourvu qu'il s'agisse de véritables portions du territoire (…) »[4].

Pour défendre la territorialité des îles artificielles, un critère lié à la localisation de ces îles a également pu être avancé. Ainsi, si elles se trouvent dans les eaux territoriales, la zone économique exclusive ou toute autre zone maritime relevant de la souveraineté de l'État, alors leur territorialité serait avérée[5].

Cet argument semble cependant contestable car le statut territorial des îles artificielles ne semble dépendre ni de leur localisation, ni de leur proximité avec une île naturelle qui

---

[1] GAGAIN, M., *op.cit.*, p.103.

[2] STOUTENBURG, J. G., « When Do States Disappear? Thresholds of Effective Statehood and the Continued Recognition of 'Deterritorialized' Island States », in M. GERARD, G. WANNIER (dir.), *Threatened Island Nations: Legal Implications of Rising Seas and a Changing Climate*, Cambridge University Press, 2013, pp. 62-63.

[3] *Ibid*, p.63.

[4] GIDEL, G., *Le droit international public de la mer*, Recueil Sirey, 1934, tome III, pp.680-681. Cité par KIM, H.J., « Les îles artificielles », *op. cit.*, pp.190-191.

[5] COSTI, A., « Urgence climatique: l'obligation de prévenir la disparition de l'État », *op. cit.*, pp.260-261. Voir également SAUNDERS, I., *op. cit.*, p. 676.

existerait déjà. Elle repose avant tout sur le mode de formation de cette île. Ainsi, une île artificielle située dans la haute mer pourrait autant constituer un territoire qu'une île construite dans la mer territoriale. La différence à faire entre ces deux cas ne devrait pas reposer sur leur territorialité, mais plutôt sur le titre territorial, étant donné que la mer territoriale est sous la juridiction de l'État côtier, tandis que la Haute mer est une *res nullius*[1].

Il est cependant vrai que la territorialité des îles artificielles est plus acceptable lorsque celles-ci sont construites par l'État côtier dans sa mer territoriale ou sa ZEE. Dans ce cas, la revendication du titre territorial sur les îles artificielles peut être acceptée, dans la mesure où elles se situent dans des zones soumises à la juridiction de l'État côtier, et où leur construction est permise par la Convention de Montego Bay[2]. *A contrario*, dans la haute mer, une telle revendication peut s'avérer être problématique du fait de l'internationalisation de cet espace et de l'interdiction d'y revendiquer une souveraineté[3].

En l'absence de dispositions explicites et d'une unanimité sur la territorialité des îles artificielles, un amendement de la Convention de Montego Bay, ou à défaut une interprétation progressiste de certaines de ses clauses, ont été suggérés. Ceux-ci seraient d'autant plus urgents que pour les PEI, le recours aux îles artificielles en tant qu'assises territoriales est envisageable. Michael Gagain est l'un des principaux partisans de l'amendement de la Convention. Il propose de l'amender pour deux raisons. D'une part, afin d'attribuer le statut de territoires aux îles artificielles, et d'autre part pour élargir leur statut juridique afin qu'elles puissent assurer le maintien des zones maritimes[4].

Pour justifier un tel amendement, les auteurs s'appuient principalement sur l'objet et le but du régime juridique des îles artificielles. En effet, les restrictions imposées aux îles artificielles, en ce qui concerne notamment la capacité à générer

---

[1] SAUNDERS, I., *op. cit.*, pp.679-680.
[2] Convention de Montego Bay, art. 56, art. 11 et art. 80 (pour le plateau continental).
[3] *Ibid*, art. 89.
[4] GAGAIN, M., *op.cit.*, p.107.

des zones maritimes, ont été introduites dans le but de contrer l'expansionnisme en mer de certains États. Comme le précise John M. Van Dyke, la raison d'être du régime juridique des îles artificielles « [was] to discourage nations from building up submerged reefs and low tide elevations in order to generate extended maritime zones where none had existed previously »[1].

Or, pour les PEI, la proposition tenant à la construction des îles artificielles ne constitue pas une appropriation illégale et déloyale de la mer. Elle consiste plutôt à maintenir une assise territoriale, et à assurer le maintien de zones maritimes déjà existantes. De ce fait, il serait opportun d'accorder un statut territorial aux îles artificielles, ainsi que la capacité à générer les zones maritimes[2]. Il en irait de la prise en compte des intérêts des PEI, et aussi de la stabilité des relations maritimes entre les États[3].

Bien que séduisante, cette proposition risque néanmoins de susciter des oppositions. En effet, l'élargissement du régime des îles artificielles pourrait légitimer l'expansionnisme des États en mer, comme le montrent l'exemple japonais avec Okinotorishima, les nombreuses rivalités en Mer de Chine méridionale[4] et la multiplication des îles artificielles. La solution pourrait alors être de placer les îles artificielles construites par les PEI sous un régime dérogatoire, qui consisterait à accepter exceptionnellement le statut territorial de ces îles. Ce dernier pourrait alors permettre de répondre aux circonstances exceptionnelles liées aux effets du changement climatique, sans pour autant effectuer un amendement complet du régime de ces îles.

En somme, les îles artificielles constituent une solution intéressante pour les PEI. Elles constituent un moyen

---

[1] DYKE, J. M., « Legal Status of Islands-With Reference to Article 121 (3) of the UN Convention on the Law of the Sea ». Cité par GROTE STOUTENBERG, J., *Disappearing Island States in International Law, op. cit.*, p. 168.

[2] GROTE STOUTENBERG, J., *Disappearing Island States in International Law, op. cit.*, p. 173.

[3] KIM, H.J., « Les îles artificielles », *op. cit.*, p.195.

[4] Voir à ce propos BAFOIL, F., « Les conflits en mer de Chine méridionale », Science Po centre de recherches internationales, 09/2014.

d'adaptation au changement climatique, et offrent à ces États une base territoriale leur permettant de conserver leur qualité étatique. Cependant, le statut de ces îles est incertain, tant en droit international de la mer qu'en droit international général. Leur territorialité reste un débat qui a tout intérêt à être tranché.

En définitive, afin de préserver la qualité étatique des PEI, les juristes, mais aussi les scientifiques et les experts, se sont mobilisés pour proposer plusieurs solutions. Celles-ci reposent sur des mécanismes établis et connus du droit international.

L'acquisition d'un territoire par cession ou par bail est une pratique acceptée en droit international. Seule la proposition tenant au « remedial territory » constitue une nouveauté, qui bien que favorable aux PEI, est difficile à mettre en œuvre en pratique. Pour le recours à des aménagements artificiels tels que la construction d'installations artificielles (défenses côtières ou élévations de territoire) ou la construction d'îles artificielles, il s'agit également de procédés connus en droit international. Cependant, en replaçant ces mécanismes dans le contexte de la disparition des PEI, apparaissent très vite certaines limites juridiques. En ce qui concerne l'acquisition d'un territoire, notamment par bail, se posent des difficultés tenant à l'exercice de plusieurs droits souverains sur un même territoire. La cession de territoire et le concept de « remedial territory » font respectivement face au principe de la souveraineté territoriale de l'État et à l'inadéquation du régime de la responsabilité internationale de l'État pour changement climatique. Concernant le recours à des aménagements artificiels, les nombreux silences du droit international de la mer rendent difficile la détermination de la territorialité des structures, installations et îles artificielles.

Ces limites mettent plus généralement en lumière l'incapacité du droit international à répondre aux préoccupations contemporaines touchant les PEI, et à offrir des solutions dénuées de toutes difficultés et ambiguïtés. Devant ce constat décevant, il a été proposé de se départir du cadre traditionnel du droit international, et de réfléchir plutôt à des solutions permettant de dépasser la qualité étatique des PEI.

CHAPITRE 2

Le dépassement de la qualité étatique des PEI

1. La libre association des PEI avec des États tiers

À rebours des propositions faites pour assurer la qualité étatique des PEI, certains auteurs se sont plutôt concentrés sur le dépassement de cette qualité. Le constat est alors celui de l'incapacité de la structure classique de l'État à offrir aux PEI un cadre juridique approprié face aux effets du changement climatique. Pour les auteurs les plus catégoriques sur ce point, « Focusing on statehood is legally superfluous and practically foolish »[1]. Ainsi, seul le dépassement de la qualité étatique offrirait aux PEI les perspectives d'une véritable solution à leurs problèmes.

Partant de ce constat, certains auteurs ont consacré des efforts substantiels pour proposer des solutions juridiques alternatives. La libre association constitue l'une de ces alternatives.

Celle-ci constitue un modèle politico-juridique intéressant et inspirant pour les PEI en ce qu'encadrée par le droit international, elle est accessible aux PEI et repose sur des principes juridiques fondamentaux. De plus, ce modèle comporte de nombreux avantages et bénéfices pour ces États.

En effet, la libre association est un modèle bien établi en droit international. Elle constitue un modèle politico-juridique

---

[1] SHARON, O. « To be or not to Be: State extinction through climate change », *Environmental Law*, 2021, vol. 51, n.4, p.5.

par lequel un État, l'État associé, s'associe à un autre État, l'État partenaire, en lui déléguant certaines de ses compétences. Pour Arthur J. Amstrong, la libre association est un procédé juridique par lequel un État confie à un autre « a fundamental sovereign autorithy and responsibility for the conduct of its own affairs »[1]. Parmi les compétences déléguées à l'État partenaire peuvent figurer celles relatives à la défense, à la représentation internationale ou encore certaines compétences relatives à l'organisation de l'ordre interne.

Dans la pratique, l'association se noue souvent entre deux États de puissance inégale qui décident d'établir des liens durables[2]. De plus, bien que les compétences déléguées soient souvent variées, l'État associé peut décider de maintenir plusieurs prérogatives, tenant souvent à l'organisation de son pouvoir exécutif, législatif ou judiciaire[3]. C'est la raison pour laquelle Chimène Keitned et W. Michael Reisman relèvent que « Free associations represent a middle ground between integration and independence »[4]. En effet, la libre association autorise l'État associé à déléguer certaines de leurs responsabilités, ce qui peut être assimilé à une intégration, tout en conservant d'autres compétences, lui assurant ainsi une certaine indépendance.

La libre association est un modèle qui s'est développé dans le droit et la pratique de l'ONU en matière de décolonisation. Elle est définie dans la Résolution 1541 (XV) adoptée par l'Assemblée générale le 15 décembre 1960[5]. Cette résolution consistait pour l'Assemblée à préciser « les principes qui doivent guider les États membres pour déterminer si

---

[1] AMSTRONG, A. J., « Strategic Underpinnings of the Legal Regime of Free Association: The Negotiations for the Future Political Status of Micronesia », *Brooklyn Journal of International Law*, Summer 1981, vol. 7, no. 2, p.182.
[2] KEITNER, C. I., REISMAN, W. M., « Free Association: The United States Experience », *Texas International Law Journal*, 2003, vol. 39, p.1.
[3] CRAWFORD, J., *The Creation of States in International Law*, *op. cit.*, p.492.
[4] KEITNER, C. I., REISMAN, W. M., *op. cit.*, p.1.
[5] Assemblée générale, Résolution 1541 (XV) du 15 décembre 1960, « Principes qui doivent guider les États membres pour déterminer si l'obligation de communiquer des renseignements, prévue à l'alinéa e de l'Article 73 de la Charte, leur est applicable ou non ».

l'obligation de communiquer des renseignements, prévue à l'alinéa e de l'Article 73 de la Charte, leur est applicable ou non »[1]. L'alinéa e de l'article 73 de la Charte impose aux États membres qui administrent les territoires non-autonomes de communiquer des informations relatives aux conditions économiques, sociales ou politiques prévalant dans ces territoires.

Le principe VI de la résolution précise les hypothèses dans lesquelles un territoire non autonome atteint la pleine autonomie. À l'instar du modèle de l'État souverain, un territoire non - autonome peut également acquérir une autonomie en s'associant à un État indépendant, par le biais d'une libre association, ou en s'intégrant à celui-ci, par le biais d'une intégration. Par la suite, le principe VII de la résolution précise la notion de libre association. Quatre conditions encadrant l'existence d'une libre association peuvent être tirées du principe VII de la résolution. D'abord, le territoire non-autonome doit être « géographiquement séparé et ethniquement ou culturellement distinct du pays qui l'administre »[2]. L'association doit également résulter du choix libre de la population exprimé selon des méthodes démocratiques, telles qu'un référendum. La population doit également conserver la liberté de modifier le statut d'État associé. Enfin, l'État associé doit garder la possibilité d'adopter ou de modifier sa constitution interne sans ingérence extérieure[3].

Le modèle de la libre association a connu plusieurs applications pratiques dans le système onusien. Par exemple, à la fin de la seconde guerre mondiale, l'ONU a créé un vaste système international de tutelle pour l'administration des territoires non-autonomes. L'un des objectifs de cette tutelle était de « (...) favoriser le progrès politique, économique et social des populations des territoires sous tutelle ainsi que le développement de leur instruction ; favoriser également leur

---

[1] Selon le titre de la résolution.

[2] Assemblée générale des Nations unies, Résolution 1541 (XV) du 15 décembre 1960, *op. cit.*, principe IV.

[3] HAVARD, L., (2016), *L'État associé : recherches sur une nouvelle forme de l'État dans le Pacifique sud*, Thèse de doctorat, Université de Bordeaux (Bordeaux, France), p.107.

évolution progressive vers la capacité à s'administrer eux-mêmes ou l'indépendance (...) »[1]. Parmi les territoires placés sous tutelle figurait le Territoire sous Tutelle des Iles du Pacifique (TTPI) établi en 1947[2]. Celui-ci comprenait les Iles Mariannes du Nord, les Iles Marshall et les Iles Caroline, et était administré par les États-Unis. Dans les années 1960, un mouvement d'autonomie a pris forme dans le TTPI. En 1978, l'Ile Caroline et les Iles Marshall ont décidé de rentrer en libre association avec les États-Unis[3]. Cette libre association a débouché sur la création de trois États librement associés que sont les États fédérés de Micronésie, la République des Îles Marshall et la République de Palau[4]. C'est respectivement en 1982, 1983 et 1986 que les accords d'association ont été officialisés et conclus avec la Micronésie, les Îles Marshall et le Palaos[5]. En adéquation avec la définition et le fonctionnement de la libre association, ces accords prévoient que les États associés ont une autorité sur leurs affaires intérieures et étrangères, mais que les États-Unis ont une autorité et une responsabilité totales pour les questions de sécurité et de défense[6].

La libre association est un procédé permettant à un territoire d'exercer une autonomie. Cependant, étant donné que les PEI ont déjà acquis une telle autonomie par l'accession au statut d'États souverains, la question se pose de savoir si la libre association est un modèle qui leur est accessible. En d'autres termes, il convient de questionner la possibilité pour les PEI de rentrer en libre association avec des États tiers, alors même qu'ils sont déjà acquis le statut d'États indépendants.

---

[1] Article 76, Charte des Nations unies.
[2] SHARON, O., *op. cit.*, p.30.
[3] *Ibid*
[4] DEMA, B., « Sea Level Rise and the Freely Associated States: Addressing Environmental Migration under the Compacts of Free Association », *Columbia Journal of Environmental Law*, 2012, vol. 37, n.1, p.180.
[5] *Ibid*, pp.183-184.
[6] Voir Compact of Free Association Act of 1986, Republic of Palau (Public Law n° 99-659, 14 November 1986), Compact of Free Association Act of 1985, Federated States of Micronesia, (Public Law n° 99-239, 14 January 1986) et Compact of Free Association Act of 1985, Marshall Islands, (Public Law n° 99-239, 14 January 1986, §§ 311-312, 321).

Une réponse à cette question peut être trouvée dans les principes de droit international qui fondent le modèle de la libre association.

Il s'agit d'abord du droit à l'autodétermination. Principe essentiel en droit international, il est le fondement même de la libre association. En effet, comme le montre l'Assemblée générale dans sa résolution 1541 (XV) de 1960, la création d'un État n'est pas la seule façon d'exercer le droit à l'autodétermination. La libre association constitue également un plein exercice de ce droit.

Le second de ces principes est celui de la souveraineté. Celle-ci est à différencier de l'autodétermination puisque si la souveraineté est un attribut de l'État[1], l'autodétermination est un droit dont l'exercice permet d'accéder au statut d'État[2]. Le déclassement d'une entité, du statut d'État indépendant, à celui d'État associé, est tout à fait conforme au principe de souveraineté. Il constitue l'exercice même de la souveraineté. En effet, un point inhérent à la souveraineté de l'État est la liberté de s'engager dans des actes volontaires qui réduisent sa propre souveraineté[3]. La souveraineté, c'est aussi pour les États, la liberté de la limiter. Dès lors, en rentrant en libre association avec les États tiers, les PEI exercent leur souveraineté en la limitant, et tant que cette décision est libre et volontaire, elle est conforme au droit international.

En somme, puisque la libre association est conforme et repose sur les principes de souveraineté et d'autodétermination, les PEI gardent la possibilité de rentrer en libre association avec des États tiers. En principe, pour les PEI, l'acquisition préalable de la qualité étatique ne constitue pas un obstacle à la signature d'accords d'association avec des États tiers.

Ainsi, la libre association peut servir d'inspiration pour les PEI. Elle est d'autant plus un modèle inspirant qu'elle comporte de nombreux bénéfices pour ces États.

Comme le relevait selon James Crawford, « Association represents one of the more significant possibilities of self-

---

[1] SHARON, O., *op. cit.*, pp.38-39.

[2] *Ibid*

[3] *Ibid*, p.39

government communities (especially island communities) that are too small to be economically and politically viable standing alone »[1]. L'exemple des PEI confirme cette observation. En effet, la libre association constitue pour ces États un modèle qui comporte plusieurs avantages tangibles face aux menaces du changement climatique.

Tout d'abord, la libre association est un modèle familier et déjà répandu dans le Pacifique Sud, aire géographique et culturelle comportant plusieurs PEI menacés de disparition[2]. Ainsi, les PEI pourront s'appuyer sur un cadre pratique préexistant. En tirant des leçons de l'expérience des États associés du Pacifique Sud, la mise en œuvre de la libre association serait éventuellement facilitée. Certains PEI sont déjà dans des relations officielles de libre association. C'est le cas de la Micronésie, des Îles Marshall et des Palaos en libre association avec les États-Unis. D'autres PEI sont également liés à la Nouvelle-Zélande. Il s'agit des Îles Cook et de Niue, entrés en libre association avec cet État sous la supervision de l'ONU, et dont les accords d'association sont entrés en vigueur en 1965 et en 1974[3]. Enfin, certains PEI ne sont pas officiellement des États associés, mais ont développé avec un ou plusieurs États des relations qui s'apparentent à la libre association. Par exemple, le Kiribati n'a conclu aucun accord d'association, et pourtant, il a concédé une partie de ses attributions régaliennes aux États-Unis en matière de défense. C'est le cas également des Samoa, qui ne possède pas d'armée, et dont la défense est assurée de façon informelle par la Nouvelle-Zélande[4]. Également, le Nauru, ancienne colonie australienne, appartient au système monétaire australien (sa

[1] CRAWFORD, J., *The Creation of States in International Law*, *op. cit.*, p.626.
[2] Le Pacifique sud réunit notamment une vingtaine de PEI. Voir à ce propos DASQUE, J.-M., « Les États insulaires du Pacifique Sud entre unité et diversité », *Questions internationales*, Mars/Avril 2011.
[3] CRAWFORD, J., *The Creation of States in International Law*, *op. cit.*, p.626.
[4] « Samoa », *Encyclopédie Universalis*

monnaie est le dollar australien) et sa défense est également assurée par l'Australie[1].

Ensuite, les États tirent des accords d'association plusieurs bénéfices sur le plan économique. En effet, ces accords contiennent de nombreuses dispositions d'assistance économique aux États associés. Celles-ci prennent souvent la forme d'« Annual Grant Assistance »[2], soit un versement annuel de subventions économiques. Selon les accords d'association entre les États-Unis, les Îles Marshall et la Micronésie, tels qu'amendés en 2003, ces subventions « shall be used for assistance in education, health care, the environment, public sector capacity building, and private sector development, or for other areas as mutually agreed »[3]. Cette assistance peut également prendre la forme d'une aide administrative et technique qui « a vocation à permettre à l'État associé, aussi petit soit-il, de fonctionner (...) comme une entité politique indépendante grâce à une mutualisation de moyens ayant pour effet de limiter ses dépenses »[4]. Par exemple, les États-Unis offrent plusieurs services gouvernementaux à ses États associés. C'est le cas des services du programme météorologique américain, du service postal américain, de l'administration fédérale de l'aviation, du département des transports, du département de la sécurité intérieure, ou encore du bureau d'aide aux catastrophes étrangères[5].

La libre association offre donc des possibilités d'assistance financière et administrative, éléments utiles aux PEI frappés par les effets du changement climatique. En effet, en plus d'une viabilité économique déjà faible, les PEI nécessiteront des moyens pour déployer des mesures d'adaptation au changement climatique. Face au risque de disparition de leur territoire, de

---

[1] « Nauru », *Encyclopédie Universalis.*

[2] Compact of Free Association Amendments Act of 2003, Pub. L. No 108-188, § 211(a).

[3] *Ibid*, § 216.

[4] HAVARD, L., *op. cit.*, p.252.

[5] Compact of Free Association Amendments Act of 2003, Pub. L. No 108-188, §221(a) (1-5). Cité par DABBAGH, P. G., « Compacts of Free Association-type Agreements: A Life Preserver for Small Island Sovereignty in an Era of Climate Change? », *Hastings Environmental Law Journal*, 2018, vol. 24, no. 2, Article 14, p.458.

migration de leur population et de la potentielle fragilisation de leur appareil gouvernemental, les subventions et l'assistance administrative apportées par les États partenaires constituent des ressources précieuses pour renforcer la résilience climatique des PEI et leur assurer un bon fonctionnement sur le moyen à long terme. L'exemple des États-Unis témoigne déjà de l'intérêt de ces subventions pour les PEI. En 2004 puis en 2016, un fond d'urgence pour l'assistance aux catastrophes a été créé par les États-Unis afin d'aider les Îles Marshall et la Micronésie à faire face aux dépenses liées aux catastrophes, y compris les événements climatiques extrêmes[1].

En plus des mesures d'assistance financière et administrative, les accords d'association accordent aux populations des États associés de nombreux droits et bénéfices liés à l'immigration. Ces populations bénéficient d'un traitement migratoire favorable, l'immigration dans les États partenaires étant facilitée. Dans le cadre de la libre association entre les Îles Cook, le Niue et la Nouvelle-Zélande, l'immigration des populations est facilitée par le partage d'une nationalité commune qui est celle de la Nouvelle-Zélande[2]. Les habitants de ces États associés étant néo-zélandais, l'immigration dans l'État partenaire reste donc libre et sans restrictions. *A contrario*, pour la libre association entre les Îles Marshall, la Micronésie, les Palaos avec les États-Unis, les facilités d'immigration pour les populations provenant des États associés ne s'expliquent pas par un partage de nationalité, mais plutôt par un statut privilégié qui leur est accordé. Ce statut est prévu par la section 141 (a) commune aux trois accords d'associations conclus par ces États, qui dispose que tout individu ayant la nationalité micronésienne, marshallaise ou paluane « (…) may enter into, lawfully engage in occupations, and establish residence as a non-immigrant in the United States and its territories and possessions (…) »[3]. Concrètement, ces accords

---

[1] NISHIZAWA, H, ROGER, S., ZHANG, H., « Fiscal Buffers for Natural Disasters in Pacific Island Countries », *International Monetary Fund Working Papers*, July 2019, WP/19/152. Cité par SHARON, O., *op. cit.*, p.32.
[2] HAVARD, L., *op. cit.*, pp.258-259.
[3] Compact of Free Association Act of 1985, Federated States of Micronesia, (Public Law n° 99-239, 14 January 1986), Section 141(a); Compact of Free

assurent aux populations des États associés un accès au territoire américain, ainsi que la possibilité d'y habiter et d'y travailler indéfiniment, et ce sans la prise en compte de la loi américaine *Immigration and Nationality* Act qui fixe les exigences en matière d'immigration, de visas et d'autorisations de travail[1]. Plusieurs populations ont déjà pu exercer ces droits. Par exemple, entre 2009 et 2018, le nombre de micronésiens, marshallais ou paluans ayant immigré aux États-Unis a augmenté de 68%, passant de 56 000 individus à environ 94 000. Plus du tiers des ressortissants de ces États auraient déjà migré aux États-Unis[2]. Il convient aussi de noter que la majorité de ces populations est répartie entre trois régions que sont Hawaï, Guam et les Îles Mariannes du Nord[3]. Cela s'apparente ainsi à une « relocalisation communautaire »[4], qui permet à ces populations de maintenir leurs liens.

Les possibilités d'immigration qu'offre le modèle de la libre association sont essentielles pour les PEI. En raison des menaces de submersion ou de l'inhabitabilité du territoire provoquées par le changement climatique, la relocalisation en masse des populations insulaires est une question primordiale. Les accords d'association offrent la possibilité pour les PEI d'anticiper, de négocier et de planifier ces migrations de masse. Ils permettent également d'encadrer le statut de ces populations, et devant les insuffisances des textes internationaux relatifs au statut de migrants et des réfugiés, d'éviter que celles-ci ne tombent dans un vide juridique.

Enfin, la libre association constitue un modèle flexible et souple, ce qui laisse une marge de manœuvre aux États associés et partenaires en ce qui concerne les modalités de son exécution. En effet, mis à part les conditions fixées dans la

---

Association Act of 1985, Marshall Islands, (Public Law n° 99-23, 14 January1986), Section 141(a); Compact of Free Association Act of 1986, Republic of Palau (Public Law n° 99-659, 14 November 1986), Section 141(a).

[1] SHARON, O., *op. cit.*, p.32.

[2]US Governmental Accountability Office, GAO 12-64, Compacts of Free Association: Improvements needed to Assess and address growing migration, June 2020, p.13.

[3] *Ibid*, p.15.

[4] SHARON, O., *op. cit.*, p.32.

Résolution 1541 (XV), les exigences de la libre association sont prévues par les dispositions spécifiques de chaque accord d'association[1]. Ainsi, il n'existe pas de modèle unique de libre association. La pratique le démontre. Par exemple, les accords entre les Îles Cook et le Niue avec la Nouvelle Zélande d'une part, et ceux entre les Îles Marshall, la Micronésie, et le Palaos avec les États-Unis d'autre part, diffèrent fondamentalement sur des questions tenant à l'immigration, à la monnaie, à la gestion des affaires extérieures et plus généralement sur le statut international des États associés[2].

La flexibilité du modèle de libre association est fondamentale pour les PEI. Les menaces de l'élévation du niveau de la mer et de disparition du territoire des PEI sont des problématiques encore récentes qui n'ont pas pu être anticipées lors de la conclusion des premiers accords d'association. Ainsi, une adaptation de ce modèle à ces nouvelles et futures circonstances exceptionnelles est nécessaire.

En effet, au vu des circonstances nouvelles et sans précédent que connaissent les PEI, les modèles existant de libre association sont certes bénéfiques pour ces États, mais encore peu adaptés au contexte du changement climatique. De ce fait, l'adaptation de la libre association à la situation des PEI s'impose.

Cette adaptation entrainera l'émergence d'une forme particulière d'association qui crée des interrogations sur la personnalité juridique de l'État associé.

La libre association est en effet un lien formel entre deux États, par lequel l'État associé décide de limiter sa souveraineté en confiant ses compétences à l'État partenaire. Il s'agit d'une subordination consentie qui ne remet pas en cause le statut étatique de l'État associé. Autrement dit, l'État associé est un État au sens du droit international. Plusieurs indices permettent de parvenir à une telle conclusion.

---

[1] MCADAM, J., « Disappearing States, Statelessness and the Boundaries of International Law », *op. cit.*, p.20

[2] Voir le paragraphe suivant.

Pour une comparaison plus poussée des modèles de libre association respectifs de ces États, voir également HAVARD, L., *op. cit.*, pp.246-270.

D'abord, en attestent les termes employés dans les différents accords d'association. Ceux-ci soulignent explicitement ce statut. Par exemple, dans les accords conclus par les Îles Marshall et la Micronésie, ces derniers y sont décrits en États souverains[1]. Également, dans une déclaration conjointe du 11 juin 2001, les deux premiers ministres des Îles Cook et de la Nouvelle Zélande ont affirmé que « (...) the Cook Islands interacts with the international community as a *sovereign and independent State* »[2].

Ensuite, le traitement réservé aux États associés est similaire à celui qui est traditionnellement accordé aux États souverains. Ainsi, en Nouvelle-Zélande, les Îles Cook bénéficient d'une immunité de juridiction et d'exécution[3]. Également, l'accord entre les États-Unis et la Micronésie prévoit explicitement que leurs relations sont régies par la Convention de Vienne sur les relations diplomatiques de 1961[4]. Étant donné que la Convention règle les rapports diplomatiques entre les États, cette disposition présuppose que la Micronésie est bien un État.

Enfin, les États associés disposent de larges pouvoirs internes et externes, qui constituent une affirmation de leur souveraineté étatique.

---

[1] Compact of Free Association Act of 1985, Federated States of Micronesia, (Public Law n° 99-239, 14 January 1986) and Compact of Free Association Act of 1985, Marshall Islands, (Public Law n° 99-23, 14 January1986), §§ 311–312

[2] Joint Centenary Declaration of the Principles of the Relationship Between The Cook Islands And New Zealand, 11 June 2001, clause 4. Cité par CRAWFORD, J., *The Creation of States in International Law*, *op. cit.*, p.630. Nous soulignons.

[3] Dans le jugement *KPMG Peat Marwick and Others v Sir Ronald Davison* (CA 223/95, t [1996] 2 NZLR 278), des agents des Iles Cook étaient soupçonnés d'avoir participé à des opérations de fraude fiscale. Bien que l'exception commerciale ait été appliquée, les tribunaux néo-zélandais ont relevé que les Iles Cook, en tant qu'État souverain, bénéficiait en principe de l'immunité de juridiction. Voir « KPMG Peat Marwick and Others v Sir Ronald Davison », in *International Law Reports*, Cambridge University Press, 1997, vol. 104, pp.526-529.

[4] Compact of Free Association Amendments Act of 2003 (Public Law No 108-188, 17 December 2003), Article V, Section 151.

Premièrement, tous ces États disposent, à différents degrés, d'un « *self-government* »[1], c'est-à-dire d'une autonomie interne en ce qui concerne l'organisation de leurs pouvoirs exécutif, législatif et judiciaire. En vertu des accords d'association conclus avec les États-Unis et selon leurs constitutions nationales, tous les États associés disposent d'organes exécutifs, législatifs et judiciaires propres, qui ne sont aucunement soumis à ceux de l'État partenaire. Concrètement, les Îles Marshall, la Micronésie et le Palos ont un gouvernement dirigé par un Président de la république[2], adoptent leurs propres lois[3] et disposent d'une pleine compétence en matière judiciaire[4]. En ce qui concerne les Îles Cook et le Niue, si leur autonomie interne pouvait être contestée au début de leur libre association, une autonomisation de leurs différents organes est en cours[5]. Progressivement, leurs organes exécutifs, législatifs et judiciaires s'émancipent de l'intervention de la Nouvelle-Zélande. Par exemple, dans les Îles Cook, l'indépendance du Parlement se substitue à l'application des lois néo-zélandaises[6], et la procédure d'appel qui prévalait devant les juridictions néo-zélandaises est abandonnée au profit de la compétence de la Cour d'appel des Iles Cook[7]. *A contrario*, le Niue se présente comme l'État associé le plus dépendant, bien qu'il tende aussi vers une autonomisation[8]. En effet, bien qu'il dispose d'un

---

[1] HAVARD, L., *op. cit.*, p.286.

[2] Constitution of the Federated States of Micronesia, 12 July 1978, article X, sections 1 et 4; Constitution of the Republic of Palau, 2 April 1979, article VIII, section 4; Constitution of the Republic of the Marshall Islands, 1 May 1979, article V.

[3] Constitution of the Federated States of Micronesia, article IX, section 1; Constitution of the Republic of the Marshall Islands, article IV, section 1; Constitution of the Republic of Palau, article IX, section 1 et 3.

[4] HAVARD, L., *op. cit.*, p.295. Voir: Constitution of the Federated States of Micronesia, article XI, section 1; Constitution of the Republic of the Marshall Islands, article VI, section 1); Constitution of the Republic of Palau, article X, section 1.

[5] HAVARD, L., *op. cit.*, pp.295-313.

[6] *Ibid*, p.301.

[7] *Ibid*, p.303. La Cour d'appel des Iles Cook a été mise en place à la suite d'un amendement constitutionnel de 1981. Voir Constitution Amendment (No. 9) Act 1980-81, 5 June 1981.

[8] *Ibid,* p.305.

gouvernement[1], la mise en œuvre du pouvoir exécutif nécessite l'intervention régulière de la Nouvelle-Zélande, par exemple en matière budgétaire[2]. Il dispose aussi d'une Assemblée parlementaire[3], qui peut cependant être remplacée par le Parlement néo-zélandais dans l'adoption des lois[4]. Seul le pouvoir judiciaire est entièrement indépendant étant donné que, comme pour les Îles Cook, s'est imposé l'abandon des procédures d'appel devant les juridictions néo-zélandaises au bénéfice de la Cour d'appel de Niue[5].

Deuxièmement, les États associés disposent également de pouvoir externes, marques de leur personnalité juridique internationale[6]. À cet égard, les États associés ont tous la capacité de conclure des traités. Ils sont par exemple tous parties à la Convention de Montego Bay sur le droit de la mer[7]. Également, ils sont membres de plusieurs organisations internationales. Excepté les Îles Cook et Niue, tous les États associés sont membres de l'ONU. Les Îles Cook et le Niue restent néanmoins membres de plus de vingt organisations internationales pour les premières, et dix pour le second[8]. Enfin, tous les États associés entretiennent des relations diplomatiques et consulaires. Par exemple, la Micronésie et les Îles Marshall entretiennent des relations diplomatiques avec une soixantaine d'États; les Îles Cook et le Niue également avec une quarantaine d'États[9].

Cependant, malgré les compétences internes et externes dont disposent les États associés, leur statut étatique ne fait pas l'unanimité. Si la majorité de la doctrine s'accorde sur un tel

---

[1] Constitution of Niue, 29 August 1974, article 4.
[2] *Ibid*, article 60, 1)
[3] *Ibid*, article 16, 1).
[4] *Ibid*, article 36, 1), a) et b).
[5] *Ibid*, articles 52 et 55A; Constitution Amendment (No. 1) Act of 1992.
[6] CRAWFORD, J., *The Creation of States in International Law*, *op. cit.*, pp.632-633; HAVARD, L., *op. cit.*, p.314; KEITNER, C. I., REISMAN, W. M., *op. cit.*, p.5.
[7] Nations unies, Collection des Traités, État de ratification de la Convention de Montego Bay.
[8] HAVARD, L., *op. cit.*, p.330.
[9] *Ibid*, pp.332-333.

statut[1], d'autres en doutent. Pour James Crawford par exemple, « Some 'associated States' constitute fully independent States which have delegated foreign affairs, defence or other powers to another State. (…) Others are not States (…) »[2]. Pour Jane McAdam, ce statut étatique dépend des dispositions prévues par chaque accord d'association[3]. Par exemple, selon elle, les Îles Cook n'ont cessé de revendiquer le statut d'État souverain, alors que le Niue a refusé d'être traité comme tel[4].

Il est clair que la libre association est un « objet juridique étrange »[5] qui questionne la notion de souveraineté en droit international. Il est vrai également qu'à des degrés différents, tous les États associés ont limité leur souveraineté en déléguant certaines de leurs compétences. Mais les auteurs qui contestent leur qualité étatique ont peut-être une vision restrictive de ce qu'est la souveraineté. Les États associés remplissent sans exception les critères objectifs de définition de l'État. Ils disposent d'un territoire, d'une population et d'un gouvernement effectif. De plus, comme le relèvent Hurst Hannum et Richar Lillich, « In essence, associated states have all the powers and prerogatives of sovereign independent states, except for those powers they unilaterally choose to delegate to the principal government (…) »[6]. Cette délégation de compétences ne constitue que l'exercice de la souveraineté, et n'équivaut pas à la perte ou à la renonciation à la qualité d'État souverain.

Cependant, ce qui est vrai pour les États associés ne le sera pas forcément pour les PEI qui décideront éventuellement de rentrer en libre association avec des États tiers. En effet, si la

---

[1] Voir par exemple HANNUM, H., LILLICH, R., « The Concept of Autonomy in International Law », *The American Journal of International Law*, Oct. 1980, vol.74, no.4, p. 888; KEITNER, C. I., REISMAN, W. M., *op. cit.*, p.5; IGARASHI, M., *Associated Statehood in International Law*, Berlin, Springer, 2002, 1st edition, pp. 5-6.

[2] CRAWFORD, J., p.492.

[3] MCADAM, J., *op. cit.*, p.20.

[4] *Ibid*

[5] HAVARD, L., *op. cit.*, p.44.

[6] HANNUM, H., LILLICH, R., «The Concept of Autonomy in International Law », *The American Journal of International Law*, Oct. 1980, vol.74, no.4, p. 888.

qualité étatique des États associés n'est que limitée par une délégation de compétences, celle des PEI est tout bonnement menacée par les effets du changement climatique. Ainsi, avec les PEI, la libre association risque de se nouer entre un État et une entité non-étatique, contrairement à l'association classique qui est une relation liant deux États. Les PEI ne disparaîtront pas en un jour, l'inhabitabilité et la submersion du territoire étant des phénomènes graduels. Si elle est mise en œuvre aujourd'hui, la libre association des PEI suivra le modèle classique. Mais si elle est appliquée à l'avenir, ou déployée sur le long terme, cette libre association pourrait bien lier deux entités dont le statut juridique diffère.

La doctrine n'exclue pourtant pas une telle hypothèse. En effet, certains auteurs proposent que les PEI qui ne sont pas encore associés, abandonnent tout simplement leur qualité étatique, et commette un « suicide juridique »[1], avant de rentrer dans une libre association avec des États tiers. C'est que soutiennent notamment Ori Sharon et Jane McAdam.

Pour Ori Sharon, le maintien de la qualité étatique des PEI est préjudiciable à leur libre association avec des États tiers[2]. Ceci s'explique par les circonstances exceptionnelles découlant du changement climatique. En perdant leur territoire, les PEI, alors entrés en libre association, devront relocaliser en masse leur population dans les États partenaires. On se retrouve alors devant un cas de figure où la population d'un État se retrouve entièrement sur le territoire d'un État tiers. En découle selon Ori Sharon, « a sovereignty clash »[3], soit un conflit de souverainetés entre l'État associé et l'État partenaire. Ce conflit découlerait de l'éventuelle relocalisation en masse des populations insulaires dans l'État partenaire. Dans ce cas, les deux États en question ne se différencient presque plus sur le plan géographique et territorial. Cette situation réduirait alors considérablement les chances qu'une libre association soit consentie[4]. Ainsi, Ori

---

[1] Terme emprunté à Rosaly Cohen. COHEN, R., « The Concept of Statehood in United Nations Practice », *University of Pennsylvania Law Review*, 1961, vol. 109, no. 8, p.1140.

[2] SHARON, O., *op. cit.*, p.5.

[3] *Ibid*

[4] *Ibid*

Sharon propose que les PEI signent des accords de libre association avec des puissances régionales ou mondiales en tant que « free-associated *non-state* territories »[1].

La proposition avancée par Jane McAdam s'inscrit dans cette lignée. En effet, elle soutient que « (...) the deliberate, earlier dissolution of the independent, sovereign State (...) »[2] est une solution radicale. Cependant, elle pourrait faciliter les négociations sur la mise en place d'une libre association, et éventuellement, sur la relocalisation en masse des populations insulaires dans les États partenaires. Contrairement à Ori Sharon, elle émet cependant une réserve en relevant que compte tenu de la date récente d'obtention de l'indépendance, il est peu probable le Kiribati ou le Tuvalu renoncent à leur statut d'États[3].

L'opinion émise par ces auteurs est intéressante d'un point de vue juridique. En effet, elle anticipe les problèmes qui pourraient subvenir en cas de relocalisation en masse des populations insulaires dans les États partenaires. Parmi eux figure le « conflit de souverainetés » qui pourrait naître de la présence physique de deux États sur un même territoire, ainsi que de la répulsion politique de l'État partenaire à l'égard d'une telle situation.

Ainsi, appliqué aux PEI, le modèle de la libre association peut prendre une forme particulière à deux égards.

D'une part, là où la résolution 1541 (XV) exige de l'État associé et de son État partenaire qu'ils soient géographiquement distincts[4], les populations insulaires risquent d'être absorbées par les États partenaires du fait de leur relocalisation en masse sur leur territoire. Puisque la souveraineté de l'État suit la population dont elle assure la protection[5], l'État associé et l'État partenaire ne feront plus qu'un sur le plan physique.

---

[1] *Ibid.* Nous soulignons.

[2] MCADAM, J., *op. cit.*, pp.20-21.

[3] *Ibid*, p.21

[4] Assemblée générale des Nations unies, Résolution 1541 (XV) du 15 décembre 1960, *op. cit.*, principe IV.

[5] VUKAS, B., « States, Peoples and Minorities », *Collected Courses of the Hague Academy of International Law*, 1991, vol. 231, p. 285.

D'autre part, ce modèle est particulier en ce que si les PEI perdent ou renoncent à leur qualité étatique, la libre association existera *in fine* entre un État et une entité non-étatique.

C'est précisément pour ces deux raisons qu'appliqué aux PEI, le modèle de la libre association constitue un dépassement de la qualité étatique de ces États.

La perte ou la renonciation par les PEI de leur statut étatique ne signifie cependant pas qu'ils disparaîtront de la scène internationale. Si les PEI maintiennent un certain niveau d'autonomie interne et externe, en préservant par exemple une autonomie gouvernementale ou en demeurant membres de certaines organisations internationales, ils pourraient bénéficier d'un statut international[1]. Pour James Crawford d'ailleurs, les États associés, même ceux dont il conteste la qualité étatique, « acquires substantial international personality »[2].

Outre la forme particulière que pourrait revêtir la libre association des PEI avec des États tiers, le contenu des accords d'association, tels qu'il existe aujourd'hui, devra également être adapté. C'est sur le modèle de ces accords amendés que devrait s'appuyer tout accord d'association qui pourrait être conclu par d'autres PEI.

En effet, les accords d'association présentent plusieurs bénéfices pour les PEI menacés de disparition. Cependant, tels qu'ils existent aujourd'hui, ces accords n'ont été rédigés ni dans le contexte du changement climatique, ni avec la prise en compte de ce phénomène. De plus, ils ne sont pas parfaits puisqu'ils comportent plusieurs lacunes.

Tout en s'inspirant de l'expérience des États du Pacifique, il convient donc de renouveler l'approche adoptée par les États dans les accords d'association, leurs objectifs ainsi que leur fonctionnement. Dès lors, à la forme particulière que prendra la libre association des PEI devra s'ajouter une réforme substantielle des accords d'association. Deux séries de modifications, qui adaptent considérablement ces accords au contexte du changement climatique, pourraient être apportées.

---

[1] SHARON, O., *op. cit.*, p.40.
[2] CRAWFORD, J., *op. cit.*, p.633.

Tout d'abord, tous les accords d'association, qu'ils soient conclus avec les États-Unis ou la Nouvelle-Zélande, peuvent être « résiliés »[1] unilatéralement par les parties. Ceux-ci sont donc réversibles. À l'image des anciennes colonies ayant accédé à l'indépendance, un État associé qui abroge un accord d'association avec son État partenaire devient alors un État indépendant[2].

Pour les Îles Cook et le Niue, cette possibilité est prévue à l'article 41 de la Constitution des Îles Cook du 4 aout 1965, et l'article 35 de la Constitution de Niue du 29 aout 1974, textes qui posent les fondements de la libre association avec la Nouvelle-Zélande[3]. En vertu de ces dispositions, ils ont le pouvoir de réviser leur constitution, y compris les articles portant sur la libre association avec la Nouvelle-Zélande, et par conséquent d'abandonner leur qualité d'États associés. Il s'agit là d'une liberté inconditionnelle[4], dans la mesure où l'intervention de la Nouvelle-Zélande est totalement exclue d'un tel choix et que cette décision s'impose à elle[5]. Ces articles prévoient notamment une procédure spécifique pour mettre fin à la libre association. Celle-ci qui requiert le consentement de la population aux deux tiers des suffrages exprimés[6]. *A contrario*, aucune possibilité de résilier ces accords n'a été accordée à la Nouvelle-Zélande.

Les Îles Marshall, la Micronésie et le Palau ont aussi la possibilité de résilier ces accords. Cela est prévu par les sections 441 à 443 communes aux accords d'association les liant[7]. Ainsi,

---

[1] Le terme « résiliation » est préféré ici à celui de la « dénonciation » d'un accord international. Les États en libre association assimilent les accords d'association à des contrats plutôt qu'à des traités, en attestent le vocabulaire qui y est employé.

[2] HAVARD, L., *op. cit.*, p.348.

[3] *Cook Islands Constitution Act*, Public Act 1964 No 69, 4 August 1965, article 41; *Niue Constitution Act*, Public Act 1974 No 42, 29 August 1974, article 35.

[4] HAVARD, L., *op. cit.*, p.336.

[5] *Ibid*, article 41 (2) et article 35 (1)(b).

[6] *Ibid.*

[7] Compact of Free Association Act of 1986, Republic of Palau (Public Law n° 99-659, 14 November 1986), Compact of Free Association Act of 1985, Federated States of Micronesia, (Public Law n° 99-239, 14 January 1986) et

selon la section 441, l'accord peut être abrogé à l'égard des Îles Marshall, de la Micronésie, du Palaos ou des États-Unis par un accord mutuel. L'article 42 prévoit également que la rupture de l'accord peut résulter d'une décision unilatérale de la part des États-Unis. Il s'agit là d'une différence majeure avec les accords d'association conclue par les Îles Cook et le Niue puisqu'eux seuls gardent la mainmise sur une telle rupture. Les accords d'association conclus avec les États-Unis témoignent donc de conditions asymétriques en ce qui concerne la rupture de la libre association, et ce au profit de l'État partenaire.

A contrario, les PEI auront tout intérêt à négocier l'irrévocabilité des accords d'association. Il en va de la sécurité juridique qui sera indispensable pour les PEI dont la survivance est fortement compromise. La sécurisation des droits et privilèges tirés de la libre association peut s'avérer être une nécessité pour les PEI, la situation d'un État associé dont la qualité étatique est avérée étant différente de celle d'un PEI menacé de disparition. La fragilité dans laquelle se retrouvent ces derniers justifie l'irréversibilité des accords d'association qu'ils concluront.

La réversibilité des accords d'association présente certes des vertus en droit international et constitue un élément essentiel de la libre association. Elle permet aux États associés de modifier leur statut juridique, selon la volonté du peuple. À ce sujet, les préambules des accords d'association conclus avec les États-Unis disposent que « (…) the peoples of the Trust Territory of the Pacific Islands have and retain their sovereignty and their right to self-determination and the inherent right to amend their own Constitutions and form of governments (…) »[1].

Afin de trouver un équilibre entre le respect de ce droit et la prise en compte des spécificités du changement climatique, la solution pourrait être de n'offrir le privilège de la révocation qu'aux PEI. Mais là encore, il est difficile d'envisager l'intérêt que les PEI tireront de la révocation des accords d'association les liant avec leur futur partenaire. En effet, en les abrogeant, ils

---

Compact of Free Association Act of 1985, Marshall Islands, (Public Law n° 99-239, 14 January 1986), sections 441-443 (article IV).
[1]*Ibid*, Préambule.

risquent de tomber dans un nouveau vide juridique relativement à leur statut, et risqueraient de perdre l'essentiel des bénéfices tirés de la libre association.

Ensuite, il conviendra également de modifier les dispositions d'immigration prévues par les accords d'association, pour les adapter à la nature des migrations environnementales. Devant l'inadéquation des règles de droit international relatives aux migrations provoquées par des facteurs environnementaux, celles-ci offrent une voie intéressante de migration pour les populations insulaires qui choisissent, ou sont contraintes de migrer[1]. Cependant, ils imposent également certaines restrictions à l'immigration, qui seront inadéquates pour répondre aux mouvements de populations forcées provenant des PEI. Par exemple, l'article 4 de l'amendement de 2003 aux accords d'association entre les États-Unis, les Îles Marshall et la Micronésie limite fortement la portée des droits d'immigration des populations marshallaises et micronésiennes. Cet article dispose notamment que ces populations ne seront pas assurées d'obtenir une résidence permanente aux États-Unis, et que l'État partenaire peut à tout moment émettre des règlements limitant la durée du séjour de ces populations[2]. De plus, alors que les premiers accords exemptaient ces populations de la loi américaine *Immigration and Nationality* Act, selon les termes de l'amendement de 2003, tout individu qui ne peut pas démontrer qu'il dispose de moyens de subsistance suffisants pour vivre aux États-Unis peut être expulsé[3]. Cette disposition pourrait constituer un obstacle important pour les migrations de populations provenant des PEI.

Face à l'irréversibilité des effets du changement climatique sur le territoire des PEI, le retour dans ces États est impossible pour les populations. L'octroi de la résidence permanente semble constituer la seule garantie sur l'existence à long terme, et sans restrictions, du droit des populations insulaires d'entrer, de travailler et de vivre dans les États partenaires. Également,

---

[1] SHARON, O., *op. cit.*, p.32.

[2] Compact of Free Association Amendments Act of 2003 (Public Law No 108-188, 17 December 2003), 117 Stat. 2760 article IV.

[3] *Ibid*, article IV(f)(1).

afin de répondre aux besoins de ces populations, l'État partenaire devrait s'abstenir d'imposer des restrictions importantes à l'immigration en provenance des États associés. Cependant, il ne s'agit là que d'une *lex ferenda*, la réalité politique et juridique étant toute autre en matière de migrations internationales.

En définitive, la libre association constitue un modèle d'inspiration pour les PEI menacés de disparition. Elle offre un ensemble de bénéfices susceptibles de répondre aux besoins de ces États à l'avenir. Appliqué aux PEI, ce modèle acquiert cependant une forme nouvelle, tant sur la forme car elle implique le dépassement de la qualité étatique des PEI, que sur le fond des accords d'association.

Ainsi, appliquée aux PEI, la libre association pourrait être décrite comme une solution à la fois nouvelle et ancienne, qui mérite d'être plus explorée. Elle reste dans tous les cas moins radicale que les propositions tenant à la création de nouveaux sujets de droit international.

2. La création de nouveaux sujets de droit international

« Would the impact of sea level rise require the creation of a new category of subjects of international law? »[1]. C'est la question que s'est posée le Comité sur l'élévation du niveau de la mer et le droit international établi par l'*International Law Association* dans son rapport publié en 2018. Bien avant que cette question soit à l'ordre du jour, les auteurs avaient déjà fait preuve d'une grande créativité juridique. Ils ont apporté des réponses juridiques uniques pour remédier à la situation des PEI.

Cela a débouché sur la création de nouveaux sujets de droit international, que sont l'État « déterritorialisé » et la Nation « Ex- situ ». Repris par plusieurs auteurs, ces derniers ont été à l'origine invoqués et conceptualisés par deux auteures :

---

[1] VIDAS, D., FREESTONE, D., McADAM, J., International Law and Sea Level Rise: Report of the International Law Association Committee on International Law and Sea Level Rise, 2018, p.25.

Rosemary Rayfuse et Maxine Burkett. Elles répondent à des objectifs similaires, et pour cette raison, elles sont souvent confondues dans la littérature[1]. Pourtant, une analyse plus approfondie révèle en réalité des différences majeures entre ces deux catégories.

L'État « déterritorialisé » a été conceptualisé pour la première fois par Rosemary Rayfuse en 2009[2]. Plusieurs tentatives ont été faites pour justifier et défendre un tel concept.

Celui-ci constitue une véritable réinvention de l'État. En effet, l'État déterritorialisé, ce que Julien Jeanneney appelle aussi « l'État 'hors-sol' »[3], répond à une logique précise. Conceptualisé par Rosemary Rayfuse, elle le définit comme

> « a 'government' or 'authority' elected by the registered voters of the deterritorialised state. In essence, this 'authority' would act as a trustee of the assets of the state for the benefit of its citizens wherever they might now be located. (…) the 'authority' would continue to represent the state at the international level and the rights and interests of its citizens vis-à-vis their new 'host' state or states »[4].

L'État déterritorialisé est donc un État qui n'est pas attaché à un territoire qui lui est propre. Concrètement, il consiste en une population régie par une autorité qui, malgré la perte du

---

[1] Maxine Burkett confond elle-même ces deux concepts, voire utilise un terme qui combine les deux. Elle parle par exemple de « deterritorialized nation-states » (BURKETT, M. « The Nation Ex-Situ: On Climate Change, Deterritorialized Nationhood, and the Post-Climate Era », *op. cit.,* p. 345). D'autres auteurs comme Alberto Costi font également cette erreur (voir COSTI, A., « Urgence climatique: l'obligation de prévenir la disparition de l'État », *op. cit.*, p. 255). Enfin, certains auteurs cependant semblent les distinguer à juste titre (voir SCHOLTEN, H. J. (2011) *Statehood and State Extinction: Sea Level Rise and the Legal Challenges Faced by Low-lying Island-states, op. cit., p.41;* LAL, K. R., « Legal Measures to Address the Impacts of Climate Change-Induced Sea Level Rise on Pacific Statehood », Sovereignty and Economic Zones, *Auckland Law Review*, 2017, vol. 23, p.259).

[2] RAYFUSE, R., «W(h)ither Tuvalu? International Law and Disappearing States », *UNSW Law Research Paper*, 2009, n.9, pp.1-13.

[3] JEANNENEY, J., « L'Atlantide. Remarque sur la submersion de l'intégralité du territoire d'un État », *op. cit.*, 204, p. 142.

[4] RAYFUSE, R., « W(h)ither Tuvalu? International Law and Disappearing States », *op. cit.*, p.11.

territoire étatique, continuerait de bénéficier de tous les droits, mais aussi des obligations, qui sont associés au statut d'État. Ainsi, à partir du territoire d'un État hôte, l'autorité pourrait exercer diverses compétences internes telles que la protection des droits de la population, l'administration des biens ou la gestion des zones et ressources maritimes, et externes telles que la participation aux organisations internationales ou la conclusion de traités. Il s'agit ainsi d'une sorte de fiction juridique assumée, où l'absence d'une assise territoriale étatique est ignorée.

L'État déterritorialisé rompt drastiquement avec l'idée que le territoire est une condition nécessaire à l'existence de l'État. Il s'agit plus précisément d'un concept qui repose sur deux logiques juridiques, certes minoritaires en droit international, mais qui y ont (eu) leur place.

D'une part, l'État déterritorialisé trouve facilement une justification dans la théorie du territoire-objet. Défendue par Fauchille et Donati dans leur ouvrage *Stato e territorio*[1], ces auteurs postulent que l'État exerce sur son territoire « *un diritto de dominio* »[2], soit un droit réel similaire à celui du propriétaire sur une chose[3]. Le territoire est alors extérieur à l'État. Il est un objet sur lequel l'État dispose d'une étendue de droits[4]. Dès lors, la perte du territoire n'aurait aucune incidence sur le statut de l'État. Largement acceptée au cours du 19ème siècle et la première moitié du 20ème siècle, elle n'est plus en vigueur aujourd'hui. Cependant, en conceptualisant l'État déterritorialisé, les auteurs remettent à jour cette théorie qui relativise le lien existant entre l'État et son territoire, et qui apporte ainsi une justification à leur concept.

D'autre part, l'État déterritorialisé semble également reposer sur une approche fonctionnelle de la souveraineté. Contrairement à la souveraineté territoriale qui est envisagée dans les rapports entre l'État et le territoire, et est donc fondée sur la

---

[1] DONATI, D., FAUCHILLE, P., *Stato e territorio, op. cit.*

[2] *Ibid*, p.60.

[3] BARBERIS, J.A., « Les liens juridiques entre l'État et son territoire : perspectives théoriques et évolution du droit international », *op. cit.*, p.136.

[4] JEANNENEY, J., *op. cit.*, p.120.

possession d'un territoire[1], la souveraineté fonctionnelle est attachée aux activités et fonctions exercées par l'État dans l'ordre juridique interne ou international qui partant, ne nécessitent pas forcément l'existence d'un territoire[2]. Elle s'attache au *modus operandi* de l'État, plutôt qu'à son *locus operandi*, puisqu'elle repose sur l'idée que la possession de la souveraineté n'est pas nécessairement liée à l'existence d'un territoire, et que la souveraineté peut être principalement, voire exclusivement appréhendée à travers les fonctions exercées par l'État. Par conséquent, puisqu'il est destiné à assurer l'accomplissement d'un ensemble de compétences internes et externes, l'État déterritorialisé bénéficierait donc d'une souveraineté, tout autant que l'État « classique ».

Ainsi, l'État déterritorialisé repose sur certaines logiques juridiques, existant déjà en droit international, et qui forment un cadre théorique favorable pour l'acceptation d'un tel concept. Cependant, l'État déterritorialisé ne constitue pas moins une véritable réinvention de l'État, ce que rejette expressément Rosemary Rayfuse et bien d'autres auteurs pour qui « (…) the concept of the deterritorialised state is neither new, nor is it rejected under current international law »[3]. Pour parvenir à une telle conclusion, ils invoquent un ensemble de précédents, qui sont en réalité mal choisis pour justifier le concept d'État déterritorialisé.

Ces auteurs invoquent tout d'abord l'exemple du gouvernement en exil[4]. Ce dernier renvoie en droit international à un modèle de gouvernance marqué par l'absence du gouvernement sur le territoire étatique, du fait de circonstances particulières liées par exemple à l'occupation ou l'annexion de ce territoire.

---

[1] Cour Permanente d'Arbitrage, affaire de l'*Ile de Palmas (États-Unis c. Pays-Bas)*, sentence arbitrale, 4 avril 1928, Nations unies, *RSA*, vol. II, p.838.

[2] DIOP, A. K. (2017), *Notion d'État en droit international et en droit européen : de l'impossible approche conceptuelle à la nécessaire approche fonctionnelle*, Thèse de doctorat, Université de Bordeaux; Université Laval (Québec, Canada), p. 23.

[3] RAYFUSE, R., « W(h)ither Tuvalu? International Law and Disappearing States », *op. cit.*, p.10. Voir également GROTE STOUTENBERG, J., *Disappearing Island States in International Law*, *op. cit.*, p.375; DELILE, J.-F., « L'hypothèse de l'État submergé », *Politeia*, 2018, pp.8-9.

[4] *Ibid.*

Le gouvernement en exil n'a donc pas de contrôle effectif sur le territoire. Il assure tout de même l'ensemble de ses fonctions à partir du territoire d'un État tiers et de ce fait, l'État affecté conserve son statut ainsi que sa personnalité juridique internationale[1]. Le gouvernement en exil ne constitue pas un nouveau sujet du droit international. Comme le precise bien Stefan Talmon, « 'government in exile' is not a subject of international law but the 'representative organ' of the international legal person 'State' and, as such, the depository of its sovereignty »[2].

À plusieurs reprises dans l'histoire, des gouvernements en exil ont été établis dans un État étranger. La pratique la plus abondante peut être située lors de la seconde guerre mondiale, où les gouvernements d'États occupés tels que la Belgique, la Grèce, la Pologne ou la Yougoslavie se sont établis à Londres à la suite de l'occupation de leur territoire par les puissances de l'Axe[3]. En dehors du contexte de la guerre, à la suite du coup d'état de septembre 1991 contre Jean-Bertrand Aristide, ancien président d'Haïti, un gouvernement en exil avait été formé au Canada puis aux États-Unis pendant trois ans[4]. Bien que les territoires de ces États étaient sous le contrôle partiel ou total d'une puissance ou d'une faction étrangère, les gouvernements en exil qui se sont formés ont été reconnus, et la continuité de l'État était assurée. C'est notamment l'illégalité de l'occupation ou de l'annexion qui justifie cette reconnaissance. Sur la base de cette définition et de cette pratique, il apparaît que l'exemple du gouvernement en exil ne peut pas être pris pour justifier le concept d'État déterritorialisé, et ce pour deux raisons principales.

---

[1] TIROCH, K., « Governments in Exile », in *Max Planck Encyclopedia of Public International Law*, Oxford University Press, 2011. Cité par DABBAGH, P. G., *op. cit.*, p. 442

[2] TALMON, S., « Who is a legitimate government in exile? Towards Normative Criteria for Governmental Legitimacy in Intenational Law », in GOODWIN-GILL, G. S, TALMON, S. (eds), *The Reality of International Law: Essays in Honour of Ian Brownlie*, Oxford Academic, 1999, p. 501.

[3] DABBAGH, P. G., *op. cit.*, p. 443

[4] JALABERT, L., « Un populisme de la misère : Haïti sous la présidence Aristide (1990-2004) », *Amnis*, 2005, vol. 5.

D'une part, contrairement au gouvernement en exil qui se trouve dans une situation temporaire et qui peut exercer à nouveau un contrôle sur le territoire étatique, l'État déterritorialisé perd son territoire de manière permanente. La différence entre ces deux situations tient ainsi à leur temporalité, l'une rattachée à une perte temporaire du contrôle sur le territoire, et l'autre à une perte physique et irréversible du territoire.

D'autre part, le gouvernement en exil repose sur l'idée que seul l'un des éléments constitutifs de l'État, le territoire, fait défaut. Du fait de l'occupation, le contrôle devient en effet ineffectif sur celui-ci. La population de l'État reste néanmoins identifiable puisque dans la plupart des cas, la majorité des individus continuent de résider sur le territoire étatique[1]. *A contrario*, la spécificité de l'État déterritorialisé réside dans le fait que, bien que la terminologie utilisée laisse penser le contraire, deux éléments de l'État font défaut : le territoire mais aussi la population. En effet, avec l'État déterritorialisé, la nécessité d'opérer en exil est fondée sur l'inhabitabilité ou la submersion du territoire pour le gouvernement, mais aussi pour la population. Ces derniers étant tous les deux forcés à migrer, il ne conviendrait plus de parler de gouvernement en exil, mais plutôt d'un « État en exil ». Ainsi, le gouvernement en exil et l'État déterritorialisé reposent sur des circonstances très différentes, le premier étant marqué par le simple exil du gouvernement, et l'autre par l'exil du gouvernement mais également le risque de migration totale ou partielle de la population de l'État.

Dès lors, si le gouvernement en exil témoigne d'une situation qui sort du cadre classique d'existence de l'État, il ne constitue pas un précédent de l'État déterritorialisé.

Le deuxième précédent invoqué par les auteurs est celui de l'Ordre de Malte et du Saint- Siège. Pour Rosemary Rayfuse

> « The most famous example of a deterrritorialised state is the Sovereign Order of the Military Hospitaller Order of St John of Jerusalem, of Rhodes and of Malta (...). Similarly, although

---

[1] MCADAM, J., « Disappearing States, Statelessness and the Boundaries of International Law », *op. cit.*, p. 11.

regularized by the grant of sovereignty over Vatican City to the Papal See in the Lateran Treaties of 1929, the Papal See was recognized as a state despite possessing no territory between 1870, when the Papal States were annexed by Italy, and 1929 »[1].

Ces précédents ne justifient en rien le concept d'État déterritorialisé.

L'Ordre souverain militaire et hospitalier de Saint-Jean de Jérusalem, de Rhodes et de Malte, ou Ordre de Malte est un ordre religieux comptant environ 13 000 membres, et qui occupa à diverses époques les îles de Rhodes et de Malte[2]. Reconnu officiellement par le Pape en 1113, il s'est d'abord consacré à des missions humanitaires avant d'exercer des fonctions militaires de défense des chrétiens au Moyen-Orient[3]. En 1798, il perd l'ensemble de ses territoires du fait de l'invasion par l'armée napoléonienne. Cependant, il continue aujourd'hui à fournir de nombreux services, dont des services médicaux et humanitaires. Il dispose également de plusieurs prérogatives attachées traditionnellement au statut d'État. Il dispose par exemple d'un gouvernement propre dont le siège se trouve à Rome, il émet des passeports et entretient des relations avec les États tiers[4].

Le Saint-Siège est le nom donné à la juridiction ecclésiastique et au gouvernement de l'Église catholique romaine composé du Pape, du Collège des cardinaux et des services centraux qui gouvernent l'Église[5]. Historiquement, il était associé aux États pontificaux sur lequel le Pape a exercé sa souveraineté jusqu'en 1870, date à laquelle ils ont été annexés lors du *Risorgimento* italien, soit l'unification de la péninsule

[1] RAYFUSE, R., « W(h)ither Tuvalu? International Law and Disappearing States », *op. cit.*, p.10

[2] ALLEN, E., PROST, M.., «'Ceci n'est pas un État': The Order of Malta and the Holy See as precedents for deterritorialized statehood? », *Review of European, Comparative and International Environmental Law*, 2022, vol. 31 issue 2, pp.175.

[3] *Ibid*

[4] COX, N., « The Continuing Question of Sovereignty and the Sovereign Military Order of Jerusalem, of Rhodes and of Malta », *Austrian International Law Journal*, June 2008, pp. 212-213.

[5] CRAWFORD, J., *The Creation of States in International Law*, *op. cit.*, p.225.

italienne menée par les rois de la maison de Savoie[1]. En 1929, les Accords du Latran sont conclus entre l'Italie et le Saint-Siège afin de normaliser leurs relations. Bien que les rapports entre le Saint-Siège et le Vatican soient encore discutés[2], le premier constituerait pour le second un gouvernement. Ainsi, depuis les Accords de Latran, le Saint-Siège bénéficie d'un territoire qui est celui du Vatican [3]. Mais pendant la période d'annexion entre 1870 et 1929, le Saint-Siège a conservé diverses compétences attachées à la souveraineté étatique, et ce malgré l'absence de territoire. Par exemple, il dispose de droits passifs et actifs de légation[4].

Ces deux exemples témoignent bien d'une certaine approche fonctionnelle de la souveraineté. En effet, si l'Ordre de Malte et le Saint-Siège ont pu exercer certaines compétences régaliennes, c'est en partie due aux fonctions qu'ils exercent dans l'ordre international : une fonction essentiellement humanitaire pour l'Ordre de Malte, et religieuse pour le Saint-Siège.

Il n'en demeure pas moins qu'ils ne constituent pas des précédents d'États déterritorialisés dans la mesure où ils ne disposent aucunement du statut étatique. En ce qui concerne l'Ordre de Malte, cela a été confirmé par un tribunal pontifical spécial qui a précisé en 1953 que « [t]he status of the Sovereign Order (…) comprises the enjoyment of a number of rights which the Order possesses (…). Such rights which are peculiar to sovereignty (…) *do not, however, constitute for the Order a complex of rights and privileges which are reserved to entities which are sovereign in the full sense of the word* »[5]. Pour le Saint-Siège, le tribunal de première instance de Rome a estimé en 1937 qu'il ne pouvait pas être considéré comme un État avant la conclusion des Accords de Latran, en raison de

---

[1] Voir « Risorgimento », *Universalis*.

[2] Voir à ce propos CRAWFORD, J., *The Creation of States in International Law*, *op. cit.*, pp.226-232.

[3] *Ibid*, p.230

[4] GIRAUDEAU, G., « Pacific Islands in the face of sea level rise: some reflections from an international law perspective », *Anuario Espanol de Derecho Internacional*, 2022, vol.38, p.430.

[5] Papal Tribunal, Judgment of 24 January 1953, *Acta Apostolicae Sedis*, Nov. 30, 1953, p. 765. Cité par CRAWFORD, J., *op. cit.*, p.232.

l'absence de territoire. Il relevait précisément que « (…) it cannot be said that between 1870 and 1929 the Pope had a territory of his own, however small, over which he could exercise his sovereignty...[U]ntil the conclusion of the Lateran Treaties, the *Holy See cannot be called a foreign State* »[1].

La doctrine s'accorde avec ces conclusions. C'est ainsi que Jean-Felix Delile les qualifie de « sujets méta-étatiques »[2] et pour Antonio Cassese, ils disposent d'une « (…) extremely limited, almost evanescent international personality »[3].

Ainsi, bien qu'ils illustrent l'existence dans l'ordre international d'entités non-étatiques dotées de compétences fonctionnelles, l'Ordre de Malte et le Saint-Siège ne sont pas des archétypes de l'État déterritorialisé. Alors que les auteurs soutiennent le statut étatique de l'État déterritorialisé, l'Ordre de Malte et le Saint-Siège ne constituent pas des entités étatiques.

En somme, il n'existe pas de précédents valables d'États déterritorialisés, qui pourraient être invoqués pour démontrer la viabilité et donner une crédibilité à une telle construction juridique. Les exemples cités présentent en effet des caractéristiques qui empêchent leur comparaison avec l'État déterritorialisé. Cela prouve que l'État déterritorialisé est une véritable réinvention de l'État qui d'autant plus est, comporte de nombreuses limites.

En effet, l'État déterritorialisé constitue un concept rassurant, mais qui comporte de nombreuses limites, créant ainsi des doutes sur sa pertinence et sa faisabilité.

Ces limites ne tiennent pas au fait que le concept d'État déterritorialisé bouscule la notion classique de l'État, et remet en cause les bases du droit international. Les auteurs qui

---

[1] Court of First Instance of Rome, *Thome Guadalupe v. Associazone Italiana di S. Cecilia*, 8, 27 February 1937, *ILR 151*. Cité par BILKOVA, V., « A State Without Territory? », in KUJIER, M., WOUTER, W. (eds), *The Changing Nature of Territoriality in International Law,* Springer/Asser Press, Netherlands Yearbook of International Law, 2016 Springer 2017, vol. 38, p.32.

[2] DELILE, J.-F., « L'hypothèse de l'État submergé », *op. cit.*, p.5.

[3] CASSESE, A., *International Law*, Oxford University Press, 2005, 2nd edition, p. 131.

défendent ce concept en sont conscients, et ils le justifient par les circonstances exceptionnelles liées au changement climatique. Il est ainsi tout à fait acceptable que les bases du droit international soient remises en cause, et adaptées aux enjeux contemporains.

C'est ce point de vue que défend Philip Marshall Brown qui écrivait déjà en 1915 que « A state without a territory is not perhaps absolutely unthinkable (…)»[1]. Rosalyn Higgins mettait également l'accent sur la fluidité et la plasticité de l'État, qui serait alors une notion contingente, qui peut être adaptée selon le contexte et les circonstances[2]. Ceci est d'autant plus vrai que la définition de l'État n'est en réalité pas figée en droit international. Celle retenue par la Convention de Montevideo est certes admise comme étant de nature coutumière. Mais la coutume internationale n'est elle-même pas gravée dans le marbre et peut évoluer. Ainsi, il est tout à fait concevable que l'un des éléments constitutifs de l'État soit avec le temps modifié, ou potentiellement abandonné.

D'ailleurs, le constat peut déjà être fait avec le territoire, qui est un élément de l'État devenu de plus en plus relatif. Maurice Flory fait le constat d'une « détérioration apparente du concept classique de territoire »[3], liée à des phénomènes tels que la globalisation économique, l'accroissement des relations transnationales, et plus récemment le changement climatique[4].

De plus, il convient de relever que le concept d'État déterritorialisé s'intègre dans une tradition consistant en droit international à créer des catégories officieuses de pseudos-États, tantôt appelées des « quasi-États », des « États *de facto* », des « micro-États » ou encore des « États défaillants ».

---

[1] BROWN, P. M., « Theory of Independence and Equality of States », *The American Journal of International Law*, 1915, vol. 9, no. 2, p. 317.

[2] HIGGINS, R., *Problems and Process: International Law and How we use it*, Oxford, Clarendon press, 1994, p.39. Cité par CAMGUILHEM, B., PESSINA DASSONVILLE, S. (dir), *Territoire : approches juridiques*, *op. cit.*, p.111.

[3] FLORY, M., « Le couple État-territoire en droit international contemporain », in B. BADIE et M.C. SMOUTS (dir.), « L'international sans territoire », *Cultures et conflits*, printemps/été 1996, n° 21/22, p.252.

[4] NOUAZI KEMKENK, C. V., « A propos de la crise des critères de définition de l'État en droit international », *Adilaaku*, 4 octobre 2019, vol.1.

Toutes ces circonstances sont favorables à l'évolution du cadre conceptuel de l'État, voire à sa « déterritorialisation ». Bien qu'elle bouscule les règles classiques définissant l'État et le territoire, structurantes pour l'ordre international, la redéfinition de l'État peut être justifiée par les bouleversements géographiques liés au changement climatique.

Ainsi, les limites de l'État déterritorialisé tiennent moins à l'évolution du droit international qu'il provoque, qu'aux contours et à la viabilité sur le long terme d'une telle construction juridique.

Premièrement, au-delà de sa simple conceptualisation, la question se pose de savoir ce qui se place concrètement derrière l'État déterritorialisé. Il s'agit là d'une question à laquelle Rosemary Rayfuse ne répond pas, puisqu'elle relève explicitement dans son article fondateur que « (...) a full analysis of this issue is beyond the scope of this paper »[1], se limitant à la seule analyse des fondements et de la logique se trouvant derrière l'État déterritorialisé. Ainsi, aucun auteur n'a pour l'heure défini précisément les contours de l'État déterritorialisé, et insisté sur sa mise en œuvre concrète. Il est clair qu'en termes simples, celui-ci consisterait en un « gouvernement » ou une « autorité » qui exercerait un ensemble de compétences à partir du territoire d'un État hôte, et dont tout ou partie de la population serait éventuellement dispersée dans plusieurs États[2]. Cependant, plusieurs questions restent en suspens par rapport à sa nature et ses fonctions précises, un certain degré de spéculation pouvant exister à ce propos.

Par exemple, des préoccupations relatives à la souveraineté de l'État déterritorialisé peuvent naître. Derek Wong se pose la question de savoir si l'État déterritorialisé serait égal aux États classiques, ou s'il s'agit d'une nouvelle catégorie d'État à part entière[3]. Avec l'État déterritorialisé, la question de la souveraineté et de l'égalité entre les États se pose dans la

---

[1] RAYFUSE, R., « W(h)ither Tuvalu? International Law and Disappearing States », *op. cit.*, p. 9.

[2] *Ibid*, p.5.

[3] WONG, D., « Sovereignty Sunk?: the Position of 'Sinking States' in International Law », *op. cit.*, p.382.

mesure où contrairement aux autres États, il lui manque un élément constitutif essentiel, et que par ailleurs, il exerce ses fonctions à partir du territoire soumis en principe à la juridiction d'un autre État. Tout comme la CIJ avait refusé de qualifier les organisations internationales de « super-État » dans son avis consultatif sur la *Réparation des dommages subis au service des Nations Unies*[1], les implications de l'État déterritorialisé, pouvant être qualifié de « sous-État », sont difficiles à concevoir pour le principe de l'égalité souveraine.

Également, le champ d'application temporel de l'État déterritorialisé n'est pas clairement défini. En effet, la question se pose de savoir si un tel concept est uniquement applicable pour la continuité des États, ou également pour la création de nouveaux États. En d'autres termes, un nouvel État qui ne disposerait pas d'une base territoriale pourrait-il revendiquer sa formation en invoquant le concept d'État déterritorialisé ? Il s'agit là de conséquences qui peuvent aller au-delà de la situation des PEI. De la même manière, son champ d'application personnel reste aussi imprécis. En effet, il faudra déterminer si le concept d'État déterritorialisé est uniquement applicable aux PEI menacés de disparition en raison du changement climatique, ou s'il dépasse ce cadre et peut être envisagé dans d'autres situations exceptionnelles.

Enfin, la dernière question qui peut se poser porte sur les compétences, droits, privilèges et obligations de l'État déterritorialisé. Seront-ils égaux à ceux détenus par les États classiques, sachant qu'en pratique, l'absence de territoire a des répercussions sur la capacité de l'État à exercer l'ensemble de ses compétences et fonctions étatiques, et à honorer l'ensemble de ses obligations?

Deuxièmement, la viabilité et l'intérêt sur le long terme de l'État déterritorialisé peuvent également être remis en cause. En effet, l'État déterritorialisé existerait surtout dans l'intérêt de la population insulaire. Autrement dit, l'essence et la raison d'être de l'État déterritorialisé repose principalement sur la protection

---

[1] CIJ, *Réparation des dommages subis au service des Nations unies*, avis consultatif du 11 avril 1949, *Rec.*, p.179.

de cette population[1]. Les compétences qu'il continuerait à exercer, qu'il s'agisse de l'administration de ses zones maritimes ou de la participation à des organisations internationales, le seront au profit de la population. Comme le précise Rosemary Rayfuse, « In essence, this 'authority' would act (…) *for the benefit of its citizens* wherever they might now be located »[2]. L'intérêt de l'État déterritorialisé n'est perceptible qu'à court et moyen terme, puisque progressivement, les populations insulaires migreront, s'intégreront dans d'autres États, et acquerront éventuellement leur nationalité. Dès lors, cela pourrait fortement limiter le rôle de l'État déterritorialisé. Ne pouvant plus exercer sa juridiction sur ses ressortissants et n'ayant plus besoin d'exercer certaines de ses compétences en leur nom et à leur profit, l'intérêt de l'État déterritorialisé n'est plus perceptible[3]. C'est peut-être l'une des raisons pour lesquelles la durée de vie de l'État déterritorialisé a été limitée par Rosemary Rayfuse. En effet, selon elle, « it may be useful to view this status as *transitional, lasting perhaps one generation (30 yrs) or one human lifetime (100 yrs),* by which time it is likely that much else in the international legal regime (…) will have to be reconsidered and reconfigured, in any event »[4]. Il serait ainsi plus judicieux selon Rayfuse d'envisager l'État déterritorialisé comme une institution transitoire et intérimaire. Cette proposition, confirme le fait que sur le long terme, l'État déterritorialisé risque de devenir une entité purement formelle, dont les fonctions seront drastiquement réduites. En perdant son principal objet qui est la protection des populations insulaires, son existence sera sans réel intérêt.

Ainsi, l'État déterritorialisé constitue un concept novateur, qui réinvente la figure classique de l'État en droit international,

---

[1] GROTE STOUTENBERG, J., *Disappearing Island States in International Law*, *op. cit.*, p.385.

[2] RAYFUSE, R., « W(h)ither Tuvalu? International Law and Disappearing States », *op. cit.*, p. 11. Nous soulignons.

[3] BLANCHARD, C., « Evolution or Revolution: Evaluating the Territorial State-Based Regime of International Law in the Context of the Physical Disappearance of Territory due to Climate Change and Sea-Level Rise », *Canadian Yearbook of International Law 53*, 2015, p.99.

[4] RAYFUSE, R., « W(h)ither Tuvalu? International Law and Disappearing States », *op. cit.*, p. 13. Nous soulignons.

mais qui reste encore ambigu du fait de nombreuses interrogations liées à ses contours et à sa viabilité sur le long terme. C'est ainsi qu'à rebours, un autre concept a été proposé : il s'agit de celle de la Nation « Ex-situ ».

En effet, face aux nombreuses faiblesses du concept d'État déterritorialisé, Maxine Burkett a proposé en 2011 celui de la Nation « Ex-situ »[1]. Bien qu'ils soient souvent confondus dans la littérature, ces deux concepts présentent des différences fondamentales. Contrairement à l'État déterritorialisé qui est une réinvention de l'État, la Nation « Ex-situ » constitue une nouvelle entité *sui generis* du droit international.

Ce que Geraldine Giraudeau appelle aussi une « entité souveraine déterritorialisée »[2], pour éviter à juste titre d'employer le terme d'État, constitue selon Burkett « an entirely new category of international actors »[3] et « a new entity in the international arena »[4]. Elle le définit précisément comme

> « a government framework that could exercise authority over a diffuse people. (…) It would protect the peoples forced from their original place of being by serving as a political entity that remains constant even as its citizens establish residence in other states »[5].

Ainsi, la Nation Ex-situ est calquée sur le modèle de l'État déterritorialisé. En effet, elle poursuit les mêmes objectifs, à savoir la protection de la population insulaire dès lors que le territoire des PEI aura disparu ou deviendra inhabitable, et exerce plusieurs compétences internes et externes. Elle exercera également ses fonctions à partir du territoire d'un État hôte. Mais à la différence de l'État déterritorialisé, la Nation Ex-situ constitue une nouvelle entité *sui generis* du droit international, et pour cette raison, la gamme de droits, privilèges et obligations qui lui est assignée est limitée.

---

[1] BURKETT, M. « The Nation Ex-Situ: On Climate Change, Deterritorialized Nationhood, and the Post-Climate Era », *Climate law*, 2011, vol.345, pp. 345-374.

[2] GIRAUDEAU, G., *op. cit.*, p. 5.

[3] BURKETT, M. « The Nation Ex-Situ: On Climate Change, Deterritorialized Nationhood, and the Post-Climate Era », *op. cit.*, p. 345.

[4] *Ibid*, p.357.

[5] *Ibid*, pp.345-346.

Maxine Burkett a également précisé la forme que pourrait revêtir la Nation Ex-situ. Celle-ci devrait reposer sur une structure analogue au système de tutelle prévu par l'ONU. En effet, selon elle « The political trusteeship system provides a helpful model for how to govern a nation without a habitable territory »[1].

Le système de tutelle est bien établi en droit international. Utilisé dans le cadre de la SDN et de l'ONU, il a permis d'assurer la gouvernance et l'administration des territoires non-autonomes[2]. Dans le cadre de l'ONU, le régime international de tutelle est prévu au Chapitre XII de la Charte. Selon l'article 76, il a notamment pour objectifs de « favoriser le progrès politique, économique et social des populations des territoires sous tutelle ainsi que (…) favoriser également leur évolution progressive vers la capacité à s'administrer eux-mêmes ou l'indépendance (…) ». La tutelle est confiée à une autorité administrante qui peut être un État, plusieurs États ou l'ONU elle-même[3]. En la matière, la pratique de la SDN et de l'ONU ont pu démontrer la viabilité des accords de tutelle.

Les objectifs du système onusien de tutelle sont spécifiques en ce qu'il consiste à assurer aux territoires sous tutelle la transition vers l'autonomie. Cependant, il partage certains objectifs similaires avec la Nation Ex-situ, à savoir la promotion de la paix et de la sécurité internationales, encourager le respect des droits de l'homme et favoriser le progrès des peuples[4]. Cependant, Maxine Burkett relève que le système de tutelle onusien devra être adapté à la Nation Ex-situ : « A few departures from the original UN Trusteeship System will produce a more appropriate structure for endangered states »[5]. La Nation Ex-situ ne repose donc pas sur une reprise mécanique du système de tutelle.

L'adaptation principale consiste à soumettre la tutelle à des représentants élus des PEI. En effet, dans le cadre du système

---

[1] *Ibid*, p.357.
[2] WOODWARD, E., « Promoting the Continued Sovereign Status of Deterritorialized Island Nations », *Yale Journal of International Affairs*, 2019.
[3] Article 81, Charte des Nations unies.
[4] BURKETT, M. *op. cit.*, p. 364.
[5] *Ibid.*

classique de tutelle, les autorités administrantes sont des États tiers ou l'ONU elle-même[1]. *A contrario*, Maxine Burkett défend l'effacement des États tiers et de l'ONU dans la structuration de la tutelle. Ces derniers ne pourront intervenir que pour soutenir l'établissement de la Nation Ex-situ, sur le plan logistique, technique ou financier[2]. En confiant la tutelle à des représentants élus provenant des PEI, plutôt qu'à un État tiers ou à l'ONU, l'objectif principal est d'accorder aux anciens PEI une certaine forme d'autonomie interne.

Ces représentants constitueront d'abord un organe intérimaire (« Interim Mission »[3]) servant aux côtés des PEI, afin de faciliter leur transition du statut étatique à celui de Nation Ex-situ. Ils auront pour fonctions de coordonner les questions politiques, sociales, et économiques liées à la Nation Ex-situ, et ce au profit des populations[4]. Par exemple, il s'agira pour eux de déterminer les modifications appropriées à apporter aux institutions politiques, ou d'assurer la gestion des ressources tirées de l'exploitation des zones maritimes[5]. Une fois la transition achevée, cet organe intérimaire devra fusionner avec l'autorité centrale de la Nation Ex-situ[6].

Tout comme l'État déterritorialisé, la Nation Ex-situ est un concept qui repose sur la relativisation du territoire en droit international, et notamment sur la capacité à exercer certaines fonctions indépendamment de l'existence d'un territoire. De plus, pour crédibiliser son concept, Maxine Burkett a également invoqué des précédents. Mais contrairement à l'État déterritorialisé, les précédents cités pour justifier le concept de la Nation Ex-situ sont pertinents et biens choisis.

En effet, selon Maxine Burkett, « alternative forms of the state are not novel, and (…) point to examples of entities that provide a precedent »[7]. Ce constat est correct, puisqu'elle cite comme exemple l'Ordre de Malte et le Saint-Siège. Ces

---

[1] Article 81, Charte des Nations unies.
[2] BURKETT, M. *op. cit.*, p. 364.
[3] *Ibid.*
[4] *Ibid*, p.366.
[5] DABBAGH, P. G., *op. cit.*, p. 447.
[6] BURKETT, M. *op. cit.*, p. 366.
[7] *Ibid*, p.346.

derniers ne constituent pas des États, comme l'affirment les advocateurs de l'État déterritorialisé, mais plutôt ce que Burkett appelle des « entities without a territory that participate in international relations »[1]. Du fait de leur histoire unique et des missions qu'elles remplissent, le droit international reconnaît à ces entités le droit d'exercer certaines compétences dans l'ordre juridique international. C'est ce qu'a relevé un tribunal pontifical spécial en 1953 par rapport à l'Ordre de Malte: « [t]he status of [the] sovereign Order (…) is functional, that is to say, intended to assure the fulfilment of the scope of activities of the Order and its development throughout the world »[2]. La même logique s'applique pour le Saint-Siège, qui exerce une fonction religieuse, et qui a pu bénéficier d'un statut particulier entre 1870 et 1929, et ce malgré l'absence d'une base territoriale.

Certains auteurs qualifient plus précisément ces entités de « sujets du droit international »[3]. Dans son deuxième document thématique d'avril 2022 sur l'élévation du niveau de la mer et le droit international, la CDI place également l'Ordre de Malte et le Saint-Siège dans la catégorie de « sujets du droit international »[4]. Enfin, il convient de relever que l'Ordre de Malte a lui-même retenu ce qualificatif dans sa constitution. Selon l'article 3§1 de son nouveau Code constitutionnel, « The

---

[1] *Ibid*, p.356.

[2] Papal Tribunal, Judgment of 24 January 1953, *Acta Apostolicae Sedis*, Nov. 30, 1953, p. 765. Cité par CRAWFORD, J., *op. cit*., p.232.

[3] Voir par exemple ACQUAVIVA, G., « Subjects of international law: a power-based analysis », *Vanderbilt Journal of International Law*, 2005, vol. 38, issue 2, pp.356 (« The Holy See, in sum, is a subject of international law equal to states, even if it does not possess the traditional elements of statehood (…) between 1870 and 1929"); STEBAN, M., YAMAMOTO, L., *Atoll Island States and International Law: Climate Change Displacement Sovereignty*, *op. cit*., p.204 et 212.

[4] Voir Commission du droit international, Élévation du niveau au regard du droit international, Deuxième document thématique de Patrícia Galvão Teles et Juan José Ruda Santolaria (coprésidents du Groupe d'étude sur l'élévation du niveau de la mer au regard du droit international), Septième session, 19 avril 2022, A/CN.4/75, pp.29-35.

Order is a *subject of international law* and exercises sovereign functions »[1].

Une définition étroite de la subjectivité juridique internationale pousse cependant à contester une telle qualification. L'Ordre de Malte et le Saint-Siège prouvent que l'ordre international regorge d'entités dont le statut est proche de celui de l'État car elles exercent des prérogatives similaires. La CIJ affirmait elle-même dans son avis consultatif sur la *Réparation des dommages subis au service des Nations Unies* que « Les sujets de droit, dans un système juridique, ne sont pas nécessairement identiques quant à leur nature ou à l'étendue de leurs droits; et leur nature dépend des besoins de la communauté »[2]. Pour autant, ces entités ne constituent pas à proprement parler des « sujets du droit international », catégorie n'est officiellement ouverte qu'aux États et aux organisations internationales[3]. Au mieux, elles peuvent être qualifiées d'« acteurs du droit international »[4], qui ont vocation à devenir sujets de cet ordre. C'est peut-être pour cette raison que lors d'une réunion tenue en 2019, le président du Comité sur le droit international et l'élévation du niveau de la mer de l'*ILA* relevait que « We may need to re-visit the concept of international legal personality under international law »[5], dans le sens de l'élargissement d'un tel concept, cette notion de « sujet du droit international » ne rendant en effet pas compte de la multitude des entités qui composent cet ordre[6].

Ainsi, il est donc préférable de considérer que ces entités (y compris la Nation Ex-situ) constituent des entités *sui generis* du

---

[1] *Constitutional Charter and Code of the Sovereign Military Hospitaller Order of St John of Jerusalem Of Rhodes and of Malta*, promulgated 27 June 1961, revised by the Extraordinary Chapter General 28-30 April 1997, art.3§1.

[2] CIJ, *Réparation des dommages subis au service des Nations unies*, avis consultatif du 11 avril 1949, *Rec.*, p. 178.

[3] *Ibid*, p. 179.

[4] PELLET, A., « Le droit international à la lumière de la pratique : l'introuvable théorie de la réalité », *RCADI,* 2021, vol. 414, p.85.

[5] Discours du Prof. Dr. Davor Vidas, président du comité de l'ILA sur le droit international et l'élévation du niveau de la mer, lors de la réunion de décembre 2019 à Madrid du Comité sur le droit international et l'élévation du niveau de la mer.

[6] PELLET, A., *op. cit.*, p. 86.

droit international. Des auteurs comme Veronika Bilkova préfèrent aussi parler de « legal person *sui generis* » ou de « international body that has some legal personnality »[1]. James Crawford, qui ne qualifie pas ces entités de sujets du droit international, relève cependant qu'ils ont acquis « a distinct international status or role »[2].

Dès lors, parce qu'ils sont des entités *sui generis*, l'Ordre de Malte et le Saint-Siège constituent des précédents pertinents pour la Nation Ex-situ, qui revêt le même statut. En plus d'être justifiée par ces précédents, la Nation Ex-situ présente aussi plusieurs vertus.

Premièrement, là où l'État déterritorialisé constitue une pure réinvention de l'État, la Nation Ex-situ implique la création d'une nouvelle entité *sui generis* du droit international. À défaut de maintenir leur statut étatique, elle octroie aux PEI un statut juridique international *sui generis*. Il est difficile de sortir l'État de son cadre territorial classique. Ainsi, l'avantage principal de la Nation Ex-situ réside dans le fait qu'elle ne bouscule pas les bases du droit international, autant que le fait l'État déterritorialisé. Elle implique la création d'une nouvelle entité *sui generis*, institution qui est de plus en plus familières en droit international, tel que le montre l'exemple de l'Ordre Malte ou du Saint-Siège (entre 1870 et 1929). Dès lors, il s'agit d'une proposition qui semble plus acceptable et moins controversée, étant plus respectueuse du cadre classique de l'État en droit international. Plutôt que d'essayer de maintenir le statut étatique des PEI face au modèle prédominant de l'État territorial, la Nation Ex-situ constitue une catégorie plus adaptée à la situation des PEI. En somme, elle crée un équilibre entre la préservation du cadre classique de l'État, et la nécessité de répondre aux conséquences inédites de la montée des eaux sur les PEI.

Certains auteurs ne seraient peut-être pas d'accord avec une telle création juridique. Ils sont en effet critiques à l'égard de la reconnaissance d'entités *sui generis* en droit international. Ainsi, pour James Crawford, « [t]he denomination 'sui generis',

---

[1] BILKOVA, V., « A State Without Territory? », *op. cit.*, p.32.
[2] CRAWFORD, J., *op. cit.*, p.254.

often applied to entities that for some reason it is desired not to characterise as States, *is of little value* »[1]. En d'autres termes, pour Crawford, il y aurait peu d'intérêt à qualifier certaines entités de « sui generis ». Cet argument est cependant contestable. En effet, comme le constate Julio Barberis,

> « Il arrive qu'à un certain moment il apparaisse une entité qui se place, si nous pouvons nous permettre cette expression, 'à côté' des membres de la communauté internationale. En général, il s'agit d'une nouvelle entité, bien qu'il puisse s'agir également d'un sujet déjà existant du droit des gens qui, pour des raisons particulières, prétend abandonner la communauté internationale et se placer en marge de celle-ci »[2].

Ainsi, bien que l'ordre juridique international reste stato-centré, il convient de tenir compte de l'apparition de nouvelles entités dans cet ordre. Quelle que soit leur dénomination, ces entités ont toujours existé. Elles remplissent des fonctions dans l'ordre juridique et jouent un rôle dans les relations internationales. Il n'y a donc aucune raison pour qu'elles ne disposent d'aucun statut juridique, et qu'elles ne soient pas partiellement soumises aux règles du droit international. C'est ce que relève à juste titre Ian Brownlie: « Whilst due regard must be had to legal principle, the lawyer cannot afford to ignore entities which maintain some sort of existence on the international legal plane in spite of their anomalous character »[3].

Dès lors, la dénomination « *sui generis* », qui désigne une situation juridique dont la singularité prévient tout classement dans une catégorie juridique[4], semble être la plus à même de rendre compte du statut de ces entités en droit international, qui ne constituent pas à proprement parler des sujets du droit international, mais qui occupent une place dans cet ordre juridique.

---

[1] *Ibid*, p. 88. Nous soulignons.
[2] BARBERIS, J., « Nouvelles questions concernant la personnalité juridique internationale », *RCADI*, 1983, vol. 179, p. 175.
[3] BROWNLIE, I. *Principles of Public International Law*, Oxford University Press, 2008, 7th edition, p. 64.
[4] Encyclopedia Lachalis, « Sui Generis ».

De plus, Maxine Burkett a le mérite d'avoir précisé les contours de la Nation Ex-situ. En effet, contrairement à l'État déterritorialisé, la forme concrète que pourrait revêtir la Nation Ex-situ a été bien établie. Elle s'appuie sur le modèle du système onusien de tutelle adapté à la situation particulière des PEI.

Pareillement, là où l'État déterritorialisé peut progressivement perdre son intérêt, la Nation Ex-situ est un modèle qui a été pensé sur le long terme. En la conceptualisant, l'objectif de Maxine Burkett est d'octroyer aux PEI menacés de disparition un modèle alternatif à l'État, leur permettant de maintenir indéfiniment une existence juridique dans l'ordre international. C'est ainsi que Burkett précise bien que « (...) this ex-situ nationhood would be designed to exist *in perpetuity* »[1]. Ainsi, l'intérêt de ce modèle pour les PEI est plus perceptible, puisque sa durée de vie est indéfinie.

Deuxièmement, l'avantage de la Nation Ex-situ tient également au fait que malgré la disparition des PEI en tant qu'États souverains, elle leur attribue un certain nombre de compétences. En effet, certains pouvoirs inhérents au statut d'État peuvent également être attribués à d'autres entités juridiques distinctes[2]. À ce propos, Guido Acquaviva parle de compétences qui constituent un « common denominator »[3] entre les États et les entités non-étatiques. Ainsi, la transition des PEI vers le statut de la Nation Ex-situ assure quand même la conservation de certains droits et privilèges, et les prémunit d'un isolement sur la scène internationale. C'est ce que précise Maxine Burkett à l'appui de sa proposition car selon elle, si les PEI deviennent des Nations Ex-situ, elles continueront de bénéficier de droits et avantages au sein de l'ordre juridique international[4]. Les exemples de l'Ordre de Malte et du Saint-Siège (entre 1870 et 1929) témoigne de la diversité de ces compétences.

---

[1] BURKETT, M. *op. cit.*, p. 366. Nous soulignons.

[2] GROTE STOUTENBERG, J., *Disappearing Island States in International Law*, *op. cit.*, p. 378.

[3] ACQUAVIVA, G., « Subjects of international law: a power-based analysis », *op. cit.*, p. 386.

[4] BURKETT, M. *op. cit.*, p. 346.

À l'image de ces deux précédents, la Nation Ex-situ pourra exercer certaines compétences internes traditionnellement rattachées au statut d'État. Par exemple, l'Ordre de Malte délivre ses propres passeports[1] et bénéficie d'une monnaie officielle qui est le scudo[2]. Ce dernier dispose aussi d'un gouvernement dont le siège est situé à Rome, et est dirigé par le Grand Maître élu par le Conseil complet d'État[3]. L'Ordre est également composé de plusieurs organes, tels que le Chapitre général qui constitue l'assemblée parlementaire, la Chambre des comptes ou encore les Tribunaux du Grand Magistère qui constituent les tribunaux de première instance et d'appel[4]. Dès lors, en transitionnant vers la Nation Ex-situ, les PEI pourraient maintenir leurs institutions politiques et juridiques.

La Nation Ex-situ pourra également exercer plusieurs compétences externes. À cet égard, le Saint-Siège (entre 1870 et 1929) et l'Ordre de Malte bénéficient d'un droit de légation actif et passif. Durant ses années d'annexion, le Saint-Siège a pu tout de même poursuivre ses différentes fonctions en entretenant des relations avec des États tiers, notamment en y envoyant et en recevant des missions. Ses représentants pontificaux bénéficiaient d'un statut diplomatique et il avait également la capacité d'assurer des médiations internationales[5]. Quant à l'Ordre de Malte, il entretient des relations bilatérales avec 112 États par le biais de missions diplomatiques accréditées[6].

Ces deux entités sont aussi représentées dans de plusieurs organisations internationales. Par exemple, l'Ordre de Malte a le statut d'observateur à l'ONU ainsi que dans ses différentes agences spécialisées[7]. Le Saint-Siège est également observateur à l'ONU[8] ou encore au Conseil de l'Europe. Bien que le statut

---

1 COX, N., « The Continuing Question of Sovereignty and the Sovereign Military Order of Jerusalem, of Rhodes and of Malta », *op. cit.*, p. 223.
2 *Ibid*, p.224.
3 Voir site de l'Ordre de Malte.
4 *Ibid.*
5 DELILE, J.-F., « L'hypothèse de l'État submergé », *op. cit.*, p. 6.
6 Voir site de l'Ordre de Malte.
7 *Ibid*
8 Assemblée générale, Liste des États non-membres, des entités et des organisations ayant reçu une invitation permanente à participer en tant

d'observateur confère des droits de participation limités, comparés à ceux des États, les PEI pourraient continuer à entretenir une forme de collaboration avec les organisations, de défendre leurs intérêts dans ces instances et de s'assurer qu'ils soient également pris en compte dans leurs activités.

Enfin, parmi les compétences externes dévolues à ces entités figurent également la possibilité de conclure des traités et des accords. Ces derniers sont néanmoins d'une nature particulière. Pour les États, la compétence de conclure des traités est axiomatique, alors que celle des entités *sui generis* est exceptionnelle et est fondée sur leurs fonctions et missions. Selon Julio Barberis, ces accords reposent sur une « relation de coordination » qui est une relation juridique spéciale entre l'entité qui se trouve « à côté » de la communauté internationale et les sujets de cette communauté[1]. Or, pour intervenir dans certains domaines, il semble primordial que les PEI aient la capacité de conclure de tels accords avec les États ou les organisations internationales. L'exemple de l'Ordre de Malte, qui a pu conclure un ensemble d'accords bilatéraux et multilatéraux[2], démontre que le modèle de la Nation Ex-situ pourrait accorder aux PEI un tel droit.

Ainsi, en tant qu'entité *sui generis*, la Nation Ex-situ pourrait permettre aux PEI de continuer à exercer certaines compétences, et à opérer sur les plans interne et international à divers niveaux.

Il convient cependant d'émettre une réserve sur ce dernier point. Celle-ci ne tient pas au déclassement des PEI du statut d'État à celui d'entité *sui generis*, qui impliquera forcément des limitations à leurs droits et privilèges. Elle est plutôt liée au fait que, comme toute création ou situation juridique inédite, la Nation Ex-situ dépendra fortement de la reconnaissance des autres États. Certes, elle bénéficiera d'un statut particulier en droit international. Mais celui-ci sera subjectif, son existence et sa pérennité juridiques étant soumises à l'assentiment des États.

---

qu'observateurs aux sessions et aux travaux de l'Assemblée générale, Soixante-quatorzième session, 15 août 2019, A/INF/74/3.

[1] BARBERIS, J., « Nouvelles questions concernant la personnalité juridique internationale », *op. cit.*, p. 175.

[2] Voir site de l'Ordre de Malte.

Autrement dit, pour survivre sous une toute autre forme juridique, les PEI seront dépendants de la bonne volonté des États[1]. C'est ce qu'explique James Crawford, en relevant que l'Ordre de Malte bénéficie d'une sorte de personnalité juridique « spéciale » (ou « particulière ») qui ne lie que les États consentants, à différencier de la personnalité juridique « générale » (ou « objective ») qui s'impose à tous et qui est celle dont bénéficient les États souverains[2]. La personnalité juridique « spéciale » existerait lorsqu'une entité est établie à des fins particulières[3]. Cela est confirmé par la pratique, l'Ordre de Malte ayant été reconnu par une centaine d'États du fait des missions humanitaires et religieuses qu'il exerce aujourd'hui. De la même manière, la Nation Ex-situ bénéficiera d'une personnalité juridique « spéciale », mais uniquement à l'égard des États qui auront reconnu une telle création juridique. De plus, à l'image de l'Ordre de Malte, il faudra également prouver en quoi le modèle de la Nation Ex-situ permet(tra) aux PEI de poursuivre des fins spécifiques et légitimes. Il s'agit d'un paramètre important, qui pourrait fonder la reconnaissance d'un tel modèle.

En définitive, contrairement à l'État déterritorialisé qui est une pure réinvention de l'État que le droit international n'est peut-être pas encore prêt à assumer, et qui comporte des limites tenant à ses contours et à son intérêt, la Nation Ex-situ constitue une meilleure alternative. Nouvelle entité *sui generis* du droit international, elle présente des vertus liées à l'équilibre qu'elle crée entre la préservation des règles classiques du droit et la nécessité d'apporter une réponse juridique à la situation des PEI. De plus, elle promet à ces États une certaine personnalité juridique, qui, bien que soumise à la reconnaissance des autres États, leur permettra d'assurer de nombreuses compétences internes et externes. L'exemple de l'Ordre de Malte et du Saint-Siège sont illustratifs de la position que pourrait occuper la Nation Ex-situ dans l'ordre juridique international.

---

[1] DELILE, J.-F., *op. cit.*, p.7.
[2] CRAWFORD, J., *op. cit.*, p.30.
[3] *Ibid.*

***

En définitive, toutes les hypothèses avancées pour préserver l'existence juridique des PEI prennent comme point de départ le cadre classique de l'État « territorial ».

D'une part, pour proposer des solutions visant à préserver la qualité étatique des PEI, les auteurs se sont naturellement inspirés de méthodes et de techniques bien établies en droit international. Il s'agit alors des hypothèses les plus respectueuses du cadre juridique existant.

D'autre part, les propositions faites pour dépasser la qualité étatique des PEI visent plutôt à atténuer la rigidité des règles de droit international qui régissent son sujet primaire. Le droit international paraît alors peu équipé pour apporter une solution juridique aux PEI menacés de disparition.

Paradoxalement, ces propositions restent aussi révélatrices de l'importance de l'État « territorial » dans l'ordre juridique international. En effet dans toutes ces propositions, excepté dans une certaine mesure pour celle de la Nation Ex-situ, le modèle standard de l'État s'impose encore. L'État « classique » continue de servir de référentiel, malgré les tentatives des auteurs les plus activistes pour s'en départir. Ainsi, il est possible de conclure que les propositions faites ne constituent peut-être pas autant un renouveau du droit international.

CONCLUSION

La présente étude consistait à déterminer si les règles de droit international offrent une solution au problème de la survivance des PEI dont l'emprise territoriale est menacée par les effets du changement climatique. Il ressort de l'analyse du cadre juridique en vigueur que le droit international offre difficilement une réponse et une solution à ce problème. La prudence doit donc être de mise en tentant de prédire la survivance des PEI menacés de disparition.

Par rapport aux règles de droit applicables à la perte de l'emprise territoriale de ces États, elles sont marquées par une indétermination, conséquence de la flexibilité dont font preuve les critères du territoire et de la population de l'État. Néanmoins, elles sont plus précises pour ce dernier élément constitutif, ce qui a permis d'entrevoir l'apatridie *de jure* ou *de facto* des populations insulaires en cas de migrations transfrontières. Il n'en demeure pas moins que le régime international qui encadre cette apatridie est lacunaire, ce qui risque de placer ces populations dans une insécurité juridique. Dès lors, aux cas d'extinctions classiques de l'État, il serait peut-être temps que le droit international anticipe sérieusement les cas d'extinctions consécutives aux effets du changement climatique.

Concepts eux-mêmes débattus, la reconnaissance et le principe de continuité sont difficiles à appliquer à la situation des PEI. Pour la continuité, son applicabilité peut-être exclue sur la base de la pratique internationale et de l'utilisation qui en est communément faite. Ce principe a pourtant été invoqué à plusieurs reprises dans le but de justifier la pérennité des PEI, ce qui témoigne avant tout de sa malléabilité juridique. En ce qui concerne la reconnaissance, elle serait tout à la fois déterminante et hasardeuse pour la survivance PEI. Elle offre difficilement une réponse à la perte de l'emprise territoriale par les PEI, tant elle dépend de l'appréciation subjective faite par la communauté internationale.

Enfin, l'examen des hypothèses de préservation de la personnalité juridique des PEI révèle également que le droit international n'offre pas de solution effective à la perte de l'emprise territoriale par ces États. Malgré la diversité des propositions faites dans la littérature, celles-ci souffrent chacune des lacunes que présente le droit en certains domaines : lacunes du droit de la mer en ce qui concerne le recours aux aménagements artificiels, lacune du régime général des baux et cessions en ce qui concerne l'acquisition d'un nouveau territoire. C'est à partir de ce constat qu'un ensemble de propositions visant à dépasser la qualité étatique des PEI ont été avancées. Mais comme leur analyse l'a montré, elles se départissent difficilement du modèle classique de l'État qui, excepté pour la Nation Ex-situ, sert encore de référence. Dès lors, le renouveau du droit international qu'elles semblent offrir est à reconsidérer.

En définitive, ce qui dit le droit international par rapport à la survie des PEI est ambigu : le cadre juridique existant ne permet pas de tirer des conséquences certaines des effets du changement climatique sur l'existence de ces États. *A contrario*, ce que ce phénomène dit du droit international est clair : ce dernier reste inadapté aux enjeux contemporains liés au changement climatique. En restant enfermé dans une logique où l'État est appréhendé comme un sujet physiquement statique, il continuera de présenter des insuffisances à l'égard des bouleversements naturels susceptibles d'affecter ses sujets primaires.

BIBLIOGRAPHIE

I. JURISPRUDENCE

A. Cour internationale de justice

1. Arrêts

CIJ, *Certaines activités menées par le Nicaragua dans la région frontalière (Costa Rica c. Nicaragua),* arrêt du 2 février 2018, indemnisation, *Rec. 2018*, p.15.

CIJ, *Différend territorial et maritime (Nicaragua c. Colombie)*, arrêt sur le fond, 19 novembre 2012, *Rec.*, p. 624.

CIJ, *Délimitation maritime en mer Noire (Roumanie c. Ukraine*), arrêt du 3 février 2009, *Rec.,* p.61.

CIJ, *Souveraineté sur Pedra Branca/Pulau Batu Puteh, Middle Rocks et South Ledge (Malaisie c. Singapour)*, arrêt du 23 mai 2008, *Rec.* 2008, p.12.

CIJ, *Délimitation maritime et questions territoriales (Qatar c. Bahrein)*, arrêt du 16 mars 2001, *Rec. 2001*, p. 64.

CIJ, *Plateau continental de la mer du Nord (République fédérale d'Allemagne c. Pays-Bas)*, arrêt du 20 février 1969, *Rec. 1969*, p.3.

CIJ, *affaire Nottebohm (Liechtenstein c. Guatemala)*, deuxième phase, arrêt du 6 avril 1955, *Rec. 1955.*, p.4.

CIJ, *affaire du Détroit de Corfou*, arrêt du 9 avril 1949, *Rec. 1949*, p.4.

2. Avis consultatifs

CIJ, *Sahara occidental*, avis consultatif, 16 octobre 1975, *Rec. 1975*, p.12.

CIJ, *Licéité de la menace ou de l'emploi d'armes nucléaires*, avis consultatif, 8 juillet 1996, *Rec. 1996,* p.226.

CIJ, *Admission d'un État aux Nations Unies (Charte, art. 4),* avis consultatif, 28 mai 1948, *Rec.* 1948, p. 57.

CIJ, *Réparation des dommages subis au service des Nations Unies*, avis consultatif, 11 avril 1949, *Rec. 1949*, p.174.

3. Opinions dissidentes

Opinion dissidente du Juge Oda, CIJ, affaire du *Plateau continental (Tunisie/Jamahiriya arabe libyenne)*, arrêt du 24 février 1982, p. 251, par. 149.

Joint Dissenting Opinion of Judges Bedjaoui, Ranjeva and Koroma, *Maritime Delimitation and Territorial Questions between Qatar and Bahrain (Qatar v. Bahrain), Delimitation and Questions*, 2001, p. 210.

B. Sentences arbitrales

PCA, *South China Sea Arbitration award (Phil. v. China),* award of 12 July 2016, Case No. 2013-19.

Tribunal arbitral, *affaire du Lac Lanoux (Espagne c. France)*, sentence arbitrale, 16 novembre 1957, *RSA*, vol. XII, pp.281-317.

Tribunal arbitral mixte germano-polonais, *Deutsche Continental Gas-Gesellschaft c. État polonais*, sentence du 1er aout 1929, *Recueil des Tribunaux arbitraux mixtes*., vol. IX, p.346.

CPA, affaire de l'*Ile de Palmas (États-Unis c. Pays-Bas)*, sentence arbitrale, 4 avril 1928, Nations Unies, *RSA*, vol. II, pp.829-871.

Affaire de la Dette publique ottomane (Bulgarie, Irak, Palestine, Transjordanie, Grèce, Italie et Turquie), sentence arbitrale, 18 avril 1925, Nations Unies, *RSA*, vol. I, pp. 529-614.

Aguilar-Amory and Royal Bank of Canada Claims (Great Britain v Costa Rica), arbitral award of 18 October 1923, *RSA*, vol. I, pp.369-399.

CPA, affaire des *pêcheries des côtes septentrionales de l'Atlantique (États-Unis c. Grande-Bretagne)*, sentence arbitrale, 7 septembre 1910.

C. Autre instance internationale quasi-juridictionnelle

Commission d'Arbitrage de la Conférence pour la paix en Yougoslavie, avis n°1, 29 novembre 1991, texte in *RGDIP*, 1992, p.264.

D. Juridictions nationales

KPMG Peat Marwick and Others v Sir Ronald Davison (CA 223/95, t [1996] 2 NZLR 278).

Administrative Court of Cologne (Verwaltungsgericht K.ln), Judgment of 3 May 1978, Case No. 9 K 2565/77.
Papal Tribunal, Judgment of 24 January 1953, *Acta Apostolicae Sedis*, Nov. 30, 1953.
Court of First Instance of Rome, *Thome Guadalupe v. Associazone Italiana di S. Cecilia*, 8, 27 February 1937, *ILR 151*.

II. DOCTRINE

A. Ouvrages généraux et dictionnaires

ALLAND, D. *Manuel de Droit international public*, Paris, PUF, 2021, 8ème éd. mise à jour, 336 p.
COMBACAU, J., SUR, S., *Droit international public*, Paris, LGDJ, 2019, 13ème éd., 882 p.
CORNU, G. (dir.), *Vocabulaire juridique*, Paris, PUF, Quadrige, 2020, 13ème éd. mise à jour, 1136 p.
CRAWFORD, J., *Brownlie's principles of public international law*, Oxford, Oxford University Press, 9th edition, Oxford, 2019, 872 p.
FORTEAU, M., MIRON, A., PELLET, A., *Droit international public*, Paris, LGDJ, 2022, 9ème éd., 2048 p.
DEYRA, M., *Droit international public*, Issy-les-Moulineaux, Gualino, 2021, 8ème éd., 256 p.
DUPUY, P.M., KERBRAT, Y., *Droit international public*, Paris, Dalloz, 2020, 15ème éd., 962 p.
ORAKHELASHVILI, A., *Akehurst's Modern Introduction to International Law*, London-New York, Routledge, 2018, 8th edition, 622 p.
RIVIER, R., *Droit international public*, Paris, PUF, 2017, 3ème éd., 876 p.
SALMON, J. (dir.), *Dictionnaire de droit international public*, Bruxelles, Bruylant, 2001, 1200 p.
SHAW, M. N., *International Law*, Cambridge, Cambridge University Press, 2017, 8th ed., 1118 p.

B. Ouvrages spécialisés

BUTLER, P., MORRIS, C. (eds), *Small States in a Legal World*, Heildelberg, Springer Publishing, 2017, 270 p.
CAMGUILHEM, B., PESSINA DASSONVILLE, S. (dir), *Territoire : approches juridiques*, Rouen, Presses universitaires de Rouen et du Havre, 2021, 316 p.

CRAWFORD, J., *The Creation of States in International Law*, Oxford, Oxford University Press, 2006, 2nd edition, 870 p.

DISTEFANO, G., *Droit international des espaces: morceaux choisis*, Paris, Pedone, 2017, 294 p.

DUGARD, J., *Recognition and the United Nations*, Cambridge, Grotius Publications LTD, 1987, 192 p.

EDWARDS, A., VAN WAAS, L., (ed), *Nationality and Statelessness under International Law*, Cambridge, Cambridge University Press, 2014, 326 p.

ESTEBAN, M., YAMAMOTO, L., *Atoll Island States and International Law*, New-York /Dordrecht/London, Springer Heidelberg, 2014, 323 p.

GERARD, M., WANNIER, G., (dir.), *Threatened Island Nations: Legal Implications of Rising Seas and a Changing Climate*, Cambridge, Cambridge University Press, 2013, 672 p.

GIRAUDEAU, G. (dir), *Les enjeux territoriaux du Pacifique*, Presses Universitaires de Nouvelle Calédonie, 2021, 262 p.

GROTE STOUTENBERG, J., *Disappearing Island States in International Law*, Leiden, Brill Nijhoff, 2015, 486 p.

KOHEN, M. G. (ed), *Territoriality and international law*, Cheltenham, Edward Elgar Publishing Ltd, 2016, 704 p.

KREIJEN, G., *State Failure, Sovereignty and Effectiveness*, Leiden/Boston, Martinus Nijhoff Publishers, 2004, 403 p

MCADAM, J. (ed), *Climate Change and Displacement: Multidisciplinary Perspectives,* Oxford, Hart Publishing, 2010, 275 p.

MEREK, K., *Identity and Continuity of States in Public International Law*, Genève, Librairie Droz, 1968, 2ème edition, 622 p.

Société Française pour le Droit International, *Iles et droit international*, Paris, Pedone, 2020, 286 p.

VERHOEVEN, J., *La reconnaissance internationale dans la pratique contemporaine*, Paris, Pedone, 1975, 861 p.

VON PAEPCKE, F., Statehood in Times of Climate Change: Impacts of Sea Level Rise on the Concept of States", Bern, Peter Lang AG, 2014, 226 p.

WEIS, P., *Nationality and Statelessness in International Law*, The Hague, Alpha aan den Rijn: Sijthoff and Noordhoff International Publishers, 1979, 2nd ed. Rev., 382 p.

C. Cours à l'Académie de droit international de la Haye

BARBERIS, J., « Nouvelles questions concernant la personnalité juridique internationale », *RCADI*, 1983, vol. 179, pp.147-289.

CANSACCHI DI AMELIA, G., « Identité et continuité des sujets internationaux », *RCADI*, 1970, vol. 130, pp.2-90.
LUCCHINI, L. « L'État insulaire », *RCADI*, 2000, vol. 285, pp. 253-392.
MURPHY, S. D., « International Law Relating to Islands », Leiden Boston: Brill, *Collected courses of The Hague Academy of International Law*, 2017, vol. 386, pp.15-251.
PELLET, A., « Le droit international à la lumière de la pratique : l'introuvable théorie de la réalité », *RCADI,* 2021, vol. 414, pp.17-509.
VUKAS, B., « States, Peoples and Minorities », *Collected Courses of the Hague Academy of International Law*, 1991, vol. 231, pp. 269-511.

D. Articles et contributions

ABHIMANYU, G. J., « The 21st Century Atlantis: The International Law of Statehood and Climate Change-Induced Loss of Territory », *Stanford Journal of International Law*, 2014, vol. 50, pp.1-52.
ADAM, L., « Le concept de micro-Etat : Etats lilliputiens ou parodies d'Etats ? », *Revue internationale de politique comparée*, 1995, vol. 2, n°3, p.577-592.
ALLEN, E., « Climate Change and Disappearing Island States: Pursuing Remedial Territory », *Brill Open Law, 2018*, pp.1-23.
ALLEN, E., PROST, M.., « 'Ceci n'est pas un État': The Order of Malta and the Holy See as precedents for deterritorialized statehood? », *Review of European, Comparative and International Environmental Law*, 2022, vol. 31 issue 2, pp.171-181.
ACQUAVIVA, G., « Subjects of international law: a power-based analysis », *Vanderbilt Journal of International Law*, 2005, vol. 38, issue 2, pp.345-396.
AUFRICHT, H., « Principles and Practices of Recognition by International Organizations », *AJIL*, 1949, vol. 43, issue 4, pp.679-705.
BAKER, W., GORDON, E., ROSENSTOCK, R., STARR, R. I., « The Future Relationship between Small States and the United Nations », *International Lawyer*, 1969, vol. 3, no. 1, article 6, pp.58-74
BARBERIS, J. A., « Les liens juridiques entre l'État et son territoire : perspectives théoriques et évolution du droit international », *AFDI*, 1999, vol.45, pp.132-147.

BILKOVA, V., « A State Without Territory? », in KUJIER, M., WOUTER, W. (eds), *The Changing Nature of Territoriality in International Law,* Springer/Asser Press, Netherlands Yearbook of International Law, Springer 2017, vol. 38, pp.19-44.

BLANCHARD, C., « Evolution or Revolution? Evaluating the Territorial State-Based Regime of International Law in the Context of the Physical Disappearance of Territory due to Climate Change and Sea-Level Rise », *Canadian Yearbook of International Law*, 2016, vol. 53, pp. 66-118.

BURKETT, M. « The Nation Ex-Situ: On Climate Change, Deterritorialized Nationhood, and the Post-Climate Era », *Climate law*, 2011, vol.345, pp. 345-374.

CHARNEY, J. I., « Rocks that Cannot Sustain Human Habitation », *AJIL*, 1999, vol. 93, no.4, pp.863-878.

COLARD-FABREGOULE, C. « Disparition d'États insulaires et caractéristiques juridiques de l'État. Sort des populations au regard de la nationalité et du droit des peuples », in Christel COURNIL, C. VLASSOPOULOS (dir.), *Mobilité humaine et environnement. Du global au local,* Éditions Quæ, 2015, pp. 69-86.

COLARD-FABREGOULE, C., « Changements climatiques et perspectives de disparition physique du territoire de l'État », *Annuaire Français de Relations Internationales*, vol. XII, 2011, pp. 95-115.

COLLIARD, C-A., « Spécificité des États. Théorie des statuts juridiques particuliers et d'inégalité compensatrice », in *Le droit international unité et diversité, Mélanges offerts à Paul Reuter,* Paris, Pedone, 1981, pp.153-180.

COSTI, A., « Urgence climatique: l'obligation de prévenir la disparition de l'État », *Revue Québécoise de Droit International*, Hors-série-Janvier 2022 17 février 2022, pp.233-267.

COX, N., « The Continuing Question of Sovereignty and the Sovereign Military Order of Jerusalem, of Rhodes and of Malta », *Austrian International Law Journal*, June 2008, pp. 211-232.

CRAWFORD, J., « The Criteria for Statehood in International Law », *BYBIL*, 1976, vol. 48, issue 1, pp.93-182.

CRAWFORD, J., « Islands as Sovereign Nations », *The International and Comparative Law Quaterly*, 1989, vol. 38, n.2, pp.277-298.

DABBAGH, P. G., « Compacts of Free Association-type Agreements: A Life Preserver for Small Island Sovereignty in an Era of Climate Change? », *Hastings Environmental Law Journal*, 2018, vol. 24, no. 2, article 14, pp.431-461.

DELILE, J.-F., « L'hypothèse de l'État submergé », *Politeia*, 2018, pp.1-15.

DEMA, B., « Sea Level Rise and the Freely Associated States: Addressing Environmental Migration under the Compacts of Free Association », *Columbia Journal of Environmental Law*, 2012, vol. 37, n.1.

DEMBINSKI, L., « Le territoire et le développement du droit international », *ASDI*, 1975, vol. 32, pp. 71-96.

DIAZ, L. DUBNER, B. H., PARENT, J., « When is a 'Rock' an 'Island'? Another Unilateral Declaration Defies 'Norms' of International Law », *Michigan State University College Journal of International Law,* 2007, vol. 15, no.3, pp.519-555.

DOBRIC, M., « Rising Statelessness Due to Disappearing Island States », *The Statelessness and Citizenship Review*, vol. 1, issue 1, 2019, pp.42-68.

DRIF, H., « La survie de l'État face au changement climatique », *Revue de Droit international d'Assas*, 2020, n.3, pp.10-28.

ESTEBAN, M., YAMAMOTO, L., « Vanishing Island States and Sovereignty », *Ocean & Coastal Management*, 2010, vol. 53, no.1, pp. 2-20.

FLEURY-GRAFF, T., « Territoire et droit international », *Civitas Europa*, vol. 35, no. 2, 2015, pp. 41-53.

FLORY, M. « Le couple État-territoire en droit international contemporain », in BADIE, B., SMOUTS, M. C., (dir.), « L'international sans territoire », *Cultures et conflits*, printemps/été 1996, n° 21/22, pp. 251-265

FREESTONE, D., SCHFIELD, C., « Options to Protect Coastlines and Secure Maritime Jurisdictional Claims in the Face of Global Sea Level Rise », in GERRARD, M. B., WANNIER, G. E. (eds), *Threatened Island Nations: Legal Implications of Rising Seas and a Changing Climate*, Cambridge University Press, 2013, pp.141-165.

GAGAIN, M., « Climate Change, Sea Level rise, and Artificial Islands: Saving the Maldives's Statehood and Maritime Claims though the Constitution of the Oceans », *Colorado Journal of International and Environmental Law Policy*, 2012, vol. 23, no 1, pp.77-120.

GIRAUDEAU, G., « Pacific Islands in the face of sea level rise: some reflections from an international law perspective », *Anuario Espanol de Derecho Internacional*, 2022, vol.38, pp.425-454.

GRANT, T. D., « Defining Statehood: the Montevideo Convention and its discontent », *Colombia J. of Transnational Law*, 1999, pp.403-457.

HAMDOUNI, S., « Les assauts au principe de la continuité du couple 'État-territoire' », In *La (dis)continuité en Droit*, Presse de l'Université de Toulouse 1 Capitole, 2014, p.383-399.

HANNUM, H., LILLICH, R., « The Concept of Autonomy in International Law », *The American Journal of International Law*, Oct. 1980, vol.74, no.4, pp.858-889.

HARRINGTON, A., « Is there a Right to Territory in International Law? », in SMITH, J. (ed.), *Property and Sovereignty: Legal and Cultural Perspectives*, Abingdon, Routledge, 2016, pp.59-81.

HAYASI, M., « Sea-level Rise and the Law of the Sea: How Can the Affected States be Better Protected », in C. SCHOFIELD, S. LEE, M.S. KWOON (dir.), *The Limits of Maritime Jurisdiction*, Brill, 2013, pp. 609-626.

HILLGRUBER, C., « The Admission of New States to the International Community », *EJIL*, 1998, vol. 9, pp.491-509.

JEANNENEY, J., « L'Atlantide. Remarque sur la submersion de l'intégralité du territoire d'un État », *RGDIP*, 2014, vol. 118, pp. 95-130.

JIMENEZ, E. P., « The 'Disappearing Island State' Phenomenon. A Challenge to the Universality of the International Law of the Sea », *European Society of International Law,* 2018, conference paper n.11.

KEITNER, C. I., REISMAN, W. M., « Free Association: The United States Experience », *Texas International Law Journal*, 2003, vol. 39, pp.1-63.

KUNZ, J. L., « Identity of States Under International Law », *The American Journal of International Law*, 1955, vol. 49, no. 1, pp. 68-76.

LAL, K. R., « Legal Measures to Address the Impacts of Climate Change-Induced Sea Level Rise on Pacific Statehood, Sovereignty and Economic Zones », *Auckland Law Review*, 2017, vol. 23, pp.235-268.

LINDSAY, J. K., « Climate change and state death", *Survival*, 2016, vol.58, pp.73-94.

MAYER, B., « Climate Change Reparations and the Law and Practice of State Responsibility», *Asian Journal of International Law*, 2017, vol.7, pp.185-216.

MCADAM, J., « Disappearing States, Statelessness and the Boundaries of International Law », *University of New South Wales Research Paper*, 2010, n.2010-2.

MINASSIAN, G., « 'Micro-État', 'mini-État' : essai de classification », *Annuaire français* des *relations internationales (AFRI)*, 2007, volume 8, pp. 329-338.

MOSCOSO DE LA CUBA, P., « The statehood of 'collapsed' states in public international law », *Agenda Internacional,* 2011, Ano XVIII, n.29, pp.121-174.

NOUAZI KEMKENK, C. V., « A propos de la crise des critères de définition de l'État en droit international », *Adilaaku*, 4 octobre 2019, vol.1.

OSTRUP, A., « Conceptions of State Identity and Continuity in Contemporary International Legal Scholarship », *European Society of International Law Conference Paper Series*, 2015, vol. 6, paper no. 11.

PAPIC, T., « De-recognition of States: The Case of Kosovo », *Cornell International Law Journal,* 2021, vol. 53, pp. 683-729.

PARK, S., « Climate Change and the Risk of Statelessness: The Situation of Low-Lying Island States », *Legal and protection policy research series*, United Nations High Commissioner for Refugees, May 2011, Doc. PPLA/2011/04.

RAESTAD, A., « La cessation des États d'après le droit des gens », *Revue de Droit International et de Législation Comparée*, 1939, vol. 20, No 3, p.447.

RAYFUSE, R., « Sea Level Rise and Maritime Zones: Preserving the Maritime Entitlements of 'Disappearing' States », in GERRARD, M., WANNIER, G., (dir.) *Threatened Island Nations: Legal Implications of Rising Seas and a Changing Climate*, Cambridge University Press, 2013, pp.167-192.

RAYFUSE, R., « International Law and Disappearing States: Maritime Zones and the Criteria for Statehood », *Environmental Policy and Law,* 2011, vol. 41:6, pp. 281-287.

RAYFUSE, R., « W(h)ither Tuvalu? International Law and Disappearing States », *UNSW Law Research Paper*, 2009, n.9, pp.1-13.

ROULEAU-DICK, M., « Sea level rise and climate statelessness: from too little, too late to context-based relevance », *The Stateless and Citizenship Review*, vol. 3, issue 2, 2021, pp.287-308.

RUIZ-FABRI, H., « Genèse et disparition de l'État à l'époque contemporaine », *AFDI*, 1992, vol. 38, pp.153-178.

RUIZ-FABRI, H., « Immatérialité, territorialité et État », *Arch. Ph. Droit*, 1999, t.43, pp.187-213.

SANCKEN, L. E., « The Price of Sovereignty in the Era of Climate Change: The Role of Climate Finance in Guiding Adaptation Choices for Small Island Developing States", *UCLA Journal of Environmental Law and Policy*, 2020, vol. 38(2), pp.217-257.

SAUNDERS, I., « Artificial Islands and Territory in International Law », *Vanderbilt Journal of Transnational Law*, May 2019, vol. 52, no. 3, pp. 643-684.
SCHARF, M. P., « Musical Chairs: The Dissolution of States and Membership in the United Nations », *Cornell International Law Journal*, 1995, vol. 28, iss. 1, article 2, pp.29-69.
SHARON, O., « To be or not to Be: State extinction through climate change », *Environmental Law*, 2021, vol. 51, n.4.
SOONS, H. A., « Artificial Islands and Installations in International Law », Law of the Sea Institute, University of Rhode Island, *Occasional Paper Series*, July 1974, n.22.
STOUTENBURG, J. G., « When Do States Disappear? Thresholds of Effective Statehood and the Continued Recognition of 'Deterritorialized' Island States », in M. GERARD, G. WANNIER (dir.), *Threatened Island Nations: Legal Implications of Rising Seas and a Changing Climate*, Cambridge University Press, 2013, pp. 57-87.
STRAUSS, M.J., « La vente et la location de territoire, une solution ? », in GIRAUDEAU, G. (dir), *Les enjeux territoriaux du Pacifique*, Presses Universitaires de Nouvelle Calédonie, 2021, pp.77-87.
TUCKER, J., « Questioning de facto Statelessness: By Looking at De facto Citizenship », *Tilburg Law Review*, 2014, vol. 19, pp.276-284.
VIDAS, D., « Sea-Level Rise and International Law: At the Convergence of Two Epochs », Climate *Law*, 2014, vol.4 n.1-2, pp.70-73.
VOIGT, C., « State Responsibility for Climate Change Damages », *Nordic Journal of International law*, 2008, vol. 77, nos 1-2, pp.1-22.
WILLCOX, S., « Climate Change Inundation, Self-Determination, and Atoll Island States », *Human Rights Quaterly*, 2016, vol. 38, n.4, pp.1022-1037.
WONG, D., « Sovereignty Sunk?: the Position of 'Sinking States' in International Law », *Melbourne Journal of international law*, 2013, vol.14, pp.347-389
WOODWARD, E., « Promoting the Continued Sovereign Status of Deterritorialized Island Nations », *Yale Journal of International Affairs*, 2019.

III. Documents officiels

Pour les conventions, résolutions, rapports et autres documents de la Commission du droit international, rapports du GIEC, autres rapports et documents officiels et textes nationaux (lois, constitutions et accords). Voir mémoire.

IV. Publications en ligne

Voir mémoire

TABLE DES MATIÈRES

Structures éditoriales du groupe L'Harmattan

L'Harmattan Italie
Via degli Artisti, 15
10124 Torino
harmattan.italia@gmail.com

L'Harmattan Hongrie
Kossuth l. u. 14-16.
1053 Budapest
harmattan@harmattan.hu

L'Harmattan Sénégal
10 VDN en face Mermoz
BP 45034 Dakar-Fann
senharmattan@gmail.com

L'Harmattan Cameroun
TSINGA/FECAFOOT
BP 11486 Yaoundé
inkoukam@gmail.com

L'Harmattan Burkina Faso
Achille Somé – tengnule@hotmail.fr

L'Harmattan Guinée
Almamya, rue KA 028 OKB Agency
BP 3470 Conakry
harmattanguinee@yahoo.fr

L'Harmattan RDC
185, avenue Nyangwe
Commune de Lingwala – Kinshasa
matangilamusadila@yahoo.fr

L'Harmattan Congo
219, avenue Nelson Mandela
BP 2874 Brazzaville
harmattan.congo@yahoo.fr

L'Harmattan Mali
ACI 2000 - Immeuble Mgr Jean Marie Cisse
Bureau 10
BP 145 Bamako-Mali
mali@harmattan.fr

L'Harmattan Togo
Djidjole – Lomé
Maison Amela
face EPP BATOME
ddamela@aol.com

L'Harmattan Côte d'Ivoire
Résidence Karl – Cité des Arts
Abidjan-Cocody
03 BP 1588 Abidjan
espace_harmattan.ci@hotmail.fr

Nos librairies en France

Librairie internationale
16, rue des Écoles
75005 Paris
librairie.internationale@harmattan.fr
01 40 46 79 11
www.librairieharmattan.com

Librairie des savoirs
21, rue des Écoles
75005 Paris
librairie.sh@harmattan.fr
01 46 34 13 71
www.librairieharmattansh.com

Librairie Le Lucernaire
53, rue Notre-Dame-des-Champs
75006 Paris
librairie@lucernaire.fr
01 42 22 67 13

www.ingramcontent.com/pod-product-compliance
Lightning Source LLC
LaVergne TN
LVHW010930061026
849535LV00007B/2320